AF215824

Tucholsky Wagner Zola Scott Sydow Freud Schlegel
Turgenev Fonatne
Wallace
Twain Walther von der Vogelweide Fouqué Friedrich II. von Preußen
Weber Freiligrath Frey
Kant Ernst
Fechner Fichte Weiße Rose von Fallersleben Richthofen Frommel
Hölderlin
Engels Fielding Eichendorff Tacitus Dumas
Fehrs Faber Flaubert
Eliasberg Ebner Eschenbach
Maximilian I. von Habsburg Fock Zweig
Feuerbach Ewald Eliot Vergil
Goethe London
Elisabeth von Österreich
Mendelssohn Balzac Shakespeare Dostojewski Ganghofer
Lichtenberg Rathenau Doyle Gjellerup
Trackl Stevenson Tolstoi Hambruch
Mommsen Lenz Hanrieder Droste-Hülshoff
Thoma von Arnim Hägele Hauff Humboldt
Dach Verne
Karrillon Reuter Rousseau Hagen Hauptmann Gautier
Garschin Defoe Baudelaire
Damaschke Descartes Hebbel
Hegel Kussmaul Herder
Wolfram von Eschenbach Dickens Schopenhauer
Darwin Melville Grimm Jerome Rilke George
Bronner Bebel Proust
Campe Horváth Aristoteles
Bismarck Vigny Barlach Voltaire Federer Herodot
Gengenbach Heine
Storm Casanova Tersteegen Grillparzer Georgy
Lessing Gilm
Chamberlain Langbein Gryphius
Brentano Lafontaine
Strachwitz Claudius Schiller Kralik Iffland Sokrates
Bellamy Schilling
Katharina II. von Rußland Gerstäcker Raabe Gibbon Tschechow
Löns Hesse Hoffmann Gogol Wilde Gleim Vulpius
Luther Heym Hofmannsthal Klee Hölty Morgenstern
Roth Heyse Klopstock Kleist Goedicke
Luxemburg Puschkin Homer Mörike Musil
La Roche Horaz
Machiavelli Kraft Kraus
Navarra Aurel Musset Kierkegaard
Lamprecht Kind Kirchhoff Hugo Moltke
Nestroy Marie de France
Laotse Ipsen Liebknecht
Nietzsche Nansen Ringelnatz
Marx Lassalle Gorki Klett Leibniz
von Ossietzky May vom Stein Lawrence Irving
Petalozzi Knigge
Platon Pückler Michelangelo Kafka
Sachs Poe Liebermann Kock Korolenko
de Sade Praetorius Mistral Zetkin

Der Verlag tredition aus Hamburg veröffentlicht in der Reihe **TREDITION CLASSICS** Werke aus mehr als zwei Jahrtausenden. Diese waren zu einem Großteil vergriffen oder nur noch antiquarisch erhältlich.

Symbolfigur für **TREDITION CLASSICS** ist Johannes Gutenberg (1400 — 1468), der Erfinder des Buchdrucks mit Metalllettern und der Druckerpresse.

Mit der Buchreihe **TREDITION CLASSICS** verfolgt tredition das Ziel, tausende Klassiker der Weltliteratur verschiedener Sprachen wieder als gedruckte Bücher aufzulegen – und das weltweit!

Die Buchreihe dient zur Bewahrung der Literatur und Förderung der Kultur. Sie trägt so dazu bei, dass viele tausend Werke nicht in Vergessenheit geraten.

Simplizitas

Marie von Olfers

Impressum

Autor: Marie von Olfers
Umschlagkonzept: toepferschumann, Berlin

Verlag: tradition GmbH, Hamburg
ISBN: 978-3-8495-3165-2
Printed in Germany

Ziel der TREDITION CLASSICS ist es, tausende deutsch- und
fremdsprachige Klassiker wieder in Buchform verfügbar zu
machen. Die Werke wurden eingescannt und digitalisiert. Dadurch
können etwaige Fehler nicht komplett ausgeschlossen werden.
Unsere Kooperationspartner und wir von tredition versuchen, die
Werke bestmöglich zu bearbeiten. Sollten Sie trotzdem einen Fehler
finden, bitten wir diesen zu entschuldigen. Die Rechtschreibung der
Originalausgabe wurde unverändert übernommen. Daher können
sich hinsichtlich der Schreibweise Widersprüche zu der heutigen
Rechtschreibung ergeben.

Text der Originalausgabe

Simplizitas

von

Marie von Olfers.

Berlin

Verlag von Wilhelm Hertz

(Bessersche Buchhandlung).

1884.

Simplizitas

von

Marie von Olfers.

Berlin.

Verlag von Wilhelm Hertz

(Besser'sche Buchhandlung).

1884.

Einleitung.

Nacht war's im Wald ... er stöhnt im Sturmeswehn;
Könnt ihr das Feuer wohl darinnen sehn?
Gespenstisch kämpft es mit der dunklen Nacht
Und sinkt und stirbt und hebt sich neuerwacht.

Alt ist das Weib, das dort am Feuer haust,
Wild hat die Zeit an ihr herumgezaust
Und jedes Jahr an dem die Alte trug,
Das lag auf ihrem Haupte wie ein Fluch.

Kennt ihr sie nicht? es kennt sie jedes Kind;
Schnell schlägt's ein Kreuz und läuft davon geschwind,
Doch ist's erst sicher vor der Alten Wuth,
Dann schreit es: Hexe! Schlange! Teufelsbrut!

Wild ohne Kraft, des Kindes Spiel und Spott,
Alt ohne Hoffnung, ohne Trost und Gott.
So steht sie da, noch düstrer als die Nacht
Und zornig, wie die Gluth, die sie entfacht.

Doch neben ihr, gleich einem Sonnenstrahl,
Ein Mädchen. – Kind und Jungfrau allzumal;
Die Wange rund – ein lächelnd Augenpaar.
Jetzt halb versteckt vom goldig blonden Haar,
Der Mund, als kämen nur die frömmsten Worte,
Den Engeln gleich aus dieser Himmelspforte.
So lag sie da, als wär' sie aus der Welt;
Noch mehr, als wär' die Welt für sie bestellt.
Der Mutter Dräuen störte sie nicht mehr,
Als, wenn die Hummel honigschwer,
Die Blume streift, daß sie darüber nickt
Und hebt ihr Haupt zufrieden ungeknickt.

Eng zieht die Alte jetzt das Kind heran,
Scheu blickt es auf; doch hart läßt sie es an:
»Wir zwei sind eins, du bist mein Kind, mein Blut,
Bist meines Hasses Schatz und Liebesgut,
Dich send ich aus zu jener eitlen Welt,
Wo nur die Schönheit Recht auf Glück behält;
Mit deinen rosigrothen Wangen
Sollst du es dort, für mich erlangen. –

Sie rissen das Herz mir, mit giftigem Dorn
Und brannten es aus, bis der Grimm und der Zorn
D'rin nisteten wie zwei verdurstete Schlangen,
Die nimmermehr rasten, noch Ruhe erlangen.

Lieblich sollst du sie umstricken,
Jeden wird es süß erquicken
Dir in's schöne Aug zu blicken.
Fluch dem Blick!
Gieb als Tod ihn ihm zurück!

Sie stahlen mein Wissen mit List und mit Lug
Und schrieen dann »Seht es ist Teufelsbetrug!«
Und Elend und Krankheit und Noth ohne Gleichen,
Das nannten die Grausamen, höllische Zeichen.

Dich zu herzen, dich zu küssen
Wird man keinen zwingen müssen;
Bitter sollen sie es büßen.
Fluch dem Kuß!
Gift sei ihnen der Genuß.«

Das Mädchen saß dem Feuer zugewandt
Und lächelte dem Schein auf ihrer Hand;
Allein die Alte riß die Hand empor,
Schrie ihr die Worte scharf in's Ohr:
»Schwör mir den Schwur! schwör mir die Rache zu!
Mein Eigenthum, mein Glück bist du!«
Und wie die Alte sprach, so sprach sie's nach,
Wer weiß was sie sich dabei denken mag.

Es war ein wilder Schwur, darauf ein Fluch,
Sie betet's nach als wär's ein Bibelspruch.
Was sie versprochen, ahnt sie nicht,
Verschleiert lag der Seele junges Licht,
Gefangen wie der Keim, der über Nacht
Zum vollen Glanz erwacht.

Am Morgen, als der Thau noch schwer
Im Grase hing, da ging darüber her
Das Mädchen, fröhlich wie der junge Tag,
Erfrischt vom Schlaf, dem sie im Schooße lag;
Und mit ihr ging die Sonne durch den Wald
Umspielend ihre liebliche Gestalt.
Zerrissen war der Rock und arm an Farben,
Doch als die goldnen Strahlen ihn umwarben,
Erschien sie hochgeschmückt, denn Dürftigkeit
Wird hoher Schönheit Schmuck und Ehrenkleid.
Unwissend ging sie hin in ihrer Schöne
Nicht ahnend welch ein Glanz sie kröne. –

Und als der heiße Tag zum Mittag sich gewandt,
Lag hinter ihr der Wald und vor ihr freies Land
Mit einem Erlenbusch und einem klaren Bach,
Darüber einer Mühle gastlich Dach.
Sie wandte sich dorthin – sie stand dort an der Thür,
Bis eine Frau hinaustrat, – trat zu ihr
Und frug: Wen sucht ihr denn? kommt doch nur mit
hinein.
Denn freundlich machte sie so hoher Schönheit Schein.

Bald saß sie an dem Tisch, dem weißgedeckten,
Die Kinder kamen vor, die scheu versteckten,
Und alle grüßten froh den holden Gast.
Doch nach dem Essen, nach der Rast
Da spricht die Frau »nun müßt ihr weiter gehn«.
Allein das Mägdlein blieb ganz züchtig stehn
Und bat »Ach nehmt mich an als Magd!
Ich bin geschickt, wie meine Mutter sagt,
Will fleißig sein, will aufstehn eh es tagt.
Nur schickt mich nicht so weit,
Mich armes Kind, gewiß es thut euch leid!«
Und mit ihr baten zwei der schönsten Sterne
Die durch die halbgesenkten Wimpern schienen,
Von Thränen naß und doch nicht gar zu ferne
Dem Sonnenschein; ihr mußte alles dienen
Und alles sich mit ihr verbinden.

Denn reizend spiegelt jegliches Empfinden
Sich in den holdbewegten Mienen. –

So blieb sie da ... Der Müller runzelte die Stirne.
»Was soll die hergelaufne Dirne?«
Allein hier war die Frau der Mann,
Und auf sein Schelten kam nichts an.
Als er Simplizitas gesehn,
Da mußt er doch der Müllerin gestehn
Sie säh' im Ernst gar lieblich aus
Und schmücke jeden Platz und jedes Haus. –

Jetzt ging das Leben ruhig wie die Mühle;
Simplizitas lag nicht auf weichstem Pfühle,
Doch liebt sie ihrer Herrschaft Kinderpärchen,
Ein Mädchen und ein Bübchen, licht von Härchen.
Sie wäscht die Kleine, zieht sie an. –
Die Kinder waren ihr von Herzen zugethan.
Denn selbst ein Kind, ward sie ihr Mitgespiele,
Und Kinder sind oft einsam bei den Großen,
Vom Kinderparadiese ausgestoßen
Und ungern aufgenommen von der Welt,
Wo keines ihrer Schätze Werth behält.

An jener Wiese Blüthenhag
Da saßen sie wohl Tag für Tag.
In Blumen wuchsen Freuden rings umher,
Und pflückten sie die Wiese heute leer,
So wuchsen morgen desto mehr.
Hier war ein Schutz vor jedem rauhen Winde,
Hier sprach nur Freundlichkeit gelinde
In Liebesworten zu dem Kinde ...
Wem würde nicht das Auge helle
Auf solcher friedlich frohen Stelle,
Wer liebte nicht sich auszusonnen
Dem Streit und dem Verdruß entronnen,
Wo heiter, gleich dem stäten Sommertag,
Ein ewig blauer Himmel lag.

Nie war's im Hause so ... dort schien das Leben
Ein wirres mühvolles Bestreben
Dem Tage Last auf Last zu geben.
Wohl ist die Arbeit unser Segen,
Doch während wir die Hände regen,
So soll die Seele wie ein Friedensengel
Darüber schweben mit dem Lilienstengel. –

Für ihre Kinder hat die Mutter niemals Zeit.
Sie hört es kaum, wenn eines nach ihr schreit,
Mit Knechten, Mägden stets in Noth und Streit.
Sie glaubt sich ihnen nah und ist wer weiß wie weit.

Dem Mann ist manches Mal zuviel der Schelterei,
Da schlüg er lieber drein, doch steht es ihm nicht frei;
Sie hat zur Eh' den Reichthum mitgebracht,
Der Frau gehört das Geld und also auch die Macht.
Oft wurmt es ihn so schweigend zuzusehn,
Doch da er nichts im Hause konnte hindern,
Ließ er zuletzt die Sache gehn
Und lebte froh bei seinen frohen Kindern;
Er sucht sie auf in jeder freien Stunde
Und mit Simplizitas steht er im Bunde.

Ein Feiertag war heut ... ein Sonntagsmorgen
So recht zum ausruhn von der Woche Sorgen –
Jedoch die Hausfrau kannte keine Ruh
Und doppelt lärmend ging es bei ihr zu.
Die Wirthschaft war ihr Heil und ihre Ehre –
Sie schalt und zankte, meinte sie ernähre
Unnütze Dirnen, Tagediebe,
Doch wer in ihrem Dienste bliebe,
Dem wolle sie es schon vergällen,
Die Faule an den Pranger stellen!
Der einen Magd riß die Geduld
Sie blieb mit nichts in ihrer Schuld,
Wie Funken flog das böse Wort,
Entflammend hier und zündend dort.

Doch plötzlich wird es still – ganz still ...
Was hat die Hanne wohl der Frau gesagt,
Das scheu das Blut aus ihren Wangen jagt,
Und keine Antwort kommen will?

Sie ging umher und ordnete das Essen,
Besorgte selbst was ihr die Magd vergessen,
Und ihre zornig wilde Weise
Schien wie erstarrt zu Eise.
Als alles fertig war und wohl bereit,
Da schlich sie aus der Thür zum Wiesengrün. –
Der Kinder Lachen drang von Zeit zu Zeit
Wie rufend zu der Mutter hin
Und durch die Lüfte schickt der Schlehdornhag
Den süßen Duft, der auf den Blüthen lag. –
Stumm schlich sie all den frohen Zeichen nach,
Verbarg sich in dem Grün und lauschte.
Der Tag war schwül – kein Blättchen rauschte
Und nur ihr Herz schlug angstvoll laut.
Sehn muß sie ob die Hanne recht geschaut!

Sie sah den Vater bei den Kindern stehn
Und neben ihm, gar lieblich anzusehn,
Simplizitas ... – der Schönheit Glanz
Umgab, umleuchtete sie ganz
Als wär's ihr Reich, als wär's ihr Recht zu glänzen,
Die Pflicht der Welt, ihr Wonne zu kredenzen.
Zu ihren Füßen lag der wilde Klaus
Heut sah er sanft, wie Gottes Engel aus,
Die kräft'ge Hand so leicht zur Faust geballt
Voll Blumen jetzt aus Feld und Wald.

Der Vater hielt die Kleine hoch empor
Und hielt sie spielend dann der Jungfrau vor,
Erfreut, wenn schon im Vorgenusse
Von solchem holden Liebeskusse
Das Kind sein Mäulchen aufgesperrt ganz weit,
Und jauchzt und zappelt voller Seligkeit.

Es war ein harmlos heitres Spiel;
Doch ach der Mutter sagt es schon zu viel,
Erzählt von tausend frohen Stunden,
Wie sie noch keine je gefunden,
Die hier in Freuden hingeflossen,
Wie sie noch keine je genossen.

Stumm steht sie da – wie ausgeschlossen.
Das sah sie wohl, die Magd war falsch berichtet,
Doch wahr das Glück, wenn auch die Schuld erdichtet.
–
Ihr war das Glück, ihr war's entwendet;
Ihr Reichthum wurde dort verschwendet –
Ein Schatten war ihr Leben, trügerisch und hohl.
Wie sehr sie sich auch ihrethalben plagte,
Sie hatte keinen Theil an ihrer Kinder Wohl,
Und das, wonach sie rastlos jagte,
So unablässig mühevoll,
Wonach ihr Herz in Sehnsucht schwoll,
Das fiel der Schönen in den Schooß,
Wie eine Frucht vom Baume los. –

Da drang in ihre Seele, schwül
Ein giftiges Gefühl.
Ihr war, als ob man ihre einz'ge Waffe,
Die eigne Liebe ihr entraffe;
Und Liebe nur kann um die Liebe streiten,
Die Liebe aber stirbt in solchen Zeiten.

Der Tag ging hin ... es kam die zwölfte Stunde
Die Mittagsglocken klangen in der Runde;
Sie rief den Kindern rauh zu kommen.
Als sie die Kleine aufgenommen,
Hat sie dem Kinde weh gethan,
Und hülfesuchend und erschreckt
Hält's nach Simplizitas die Aermchen ausgereckt ...
Doch desto fester drückt's die Mutter an,
Da senkt's das Köpfchen trauervoll und blaß,
Denn solche Liebe dünkt ihm Haß;

Es trägt es, wie es kann, den Zorn gewohnt,
Blieb selten doch ein Tag von bösem Wort verschont.
Der Vater meint: »Ist auch die Mutter hart
Gut ist sie dennoch; edler Art,
Denn gleich dem Schatz liegt tief in ihr versenkt,
Wenngleich sie selten holdes Wort verschenkt,
Ein glühendes Gefühl für ihre Lieben.« –

Doch heute scheint nur Asche ihr geblieben. –
Weh! allen Herzen die so goldne Gaben
Verbergen und vergraben;
Nur in der Unsern treuen Händen
Wird keiner uns den Schatz entwenden,
Dort mehrt es sich an allen Enden;
Sie werden dann die Helfer senden,
Die mit den reichen Herzensspenden
Uns stützen in der Zeit der Noth,
Die Liebe wahrend vor dem Tod.

Vergangen war des Sommers Pracht.
Tief lag der Schnee, kalt war die Nacht.
Der Winter trieb die Menschen eng zusammen
Und schürte heller ihres Heerdes Flammen.

Es war schon spät. Doch in der Mühle brannte Licht;
Es strahlte freundlich wie die lieben Sterne
Und lockte Wandrer schon von ferne;
Ach den für den es brannte – den nur nicht. –
Die Frau und Jungfrau saßen beieinander dicht
Und spannen stumm. – Simplizitas Gesicht,
Dem Lichte gleich an heller Freundlichkeit,
Die streicht die Haare fort von Zeit zu Zeit
Und lächelt, wenn sie Eines eingesponnen
Recht wie ein Kind, das ohne Grund in Wonnen.
Die Frau spinnt fort ... in einem fort.
Das waren schwere Tage, schwere Stunden,
Die ihr die böse Zunge festgebunden ...
Seit jenem festlichen, der ihr enthüllt,
Wie wenig Glück ihr Dasein füllt,
Da war kein Frieden mehr mit ihr zu halten;
Nur Zorn und Zank ließ sie im Hause walten.
Sie nahm dem Manne jede Freude
Und was sie konnte, that sie ihm zu leide.
Fort soll die Jungfrau! auf der Stelle fort!
Der Müller sprach, »das Mädel bleibt am Ort!
Sonst geh ich auch ... ich hab es satt,
Dein Knecht zu sein ... der Spott der Stadt.«
So ward Simplizitas ein Grund zu jedem Streit;
Der Stein der willenlos die Schärfe leiht,
Die Schneiden scharf genug zu wetzen,
Um tief und sicher zu verletzen. –

Sie wußt es nicht ... sie war nicht klug genug;
Und ohne Ahnung welche Last sie trug,
Ging sie einher, holdseelig anzusehn,
Sie war so schön.
Die Kinder hingen ihr am Rock,
Wie Bienen an dem Blüthenstock;
Es war auch böse Zeit für sie,
Die Mutter weinte, schalt und schrie,
Der Vater saß im Wirthshaus drüben.
Seit jenen Wochen, jenen trüben,
Da litt's ihn selten mehr am eignen Heerd;
Für ihn, war er des Namens nicht mehr werth.
Wer uns vor Andern nahe war,
Dem steht das Herz das Unbewehrte offen,
Kein Andrer hätte es so gut getroffen
Und keinem Andern lag es da so klar.

Doch war er fort, dann kam die bittre Reu,
Sie rief ihn tausend Mal auf's Neu
Mit ihrer Seele ungehörtem Schrei ...
Käm er auch wild und bösgelaunt zurück;
Denn gegen solches Elend, schien ihr Glück,
Ihn da zu haben, sei es wie es sei.

Das Unglück sagt man käme nie allein;
Weil eins das Andre zeugt, wird das so sein.
Die Wirthschaft brach zusammen und das Haus
Sah wie ein Ort für böse Geister aus.
Fort waren alle seine Hüter,
Zerstreut des Friedens goldne Güter.
Sie mochte keinen Finger rühren,
Das zu verdienen, was der Mann vertrank,
Und böse Worte statt dem Dank.
Und er ... was hat er zu verlieren
Er giebt sich auf ... an ihm ist nichts gelegen,
Nur sterben kann er unter solchen Schlägen;
Versinken gleich dem Schiff, das Mast und Kiel verlo-
ren.
So kräftig an Gemüth sind Wenige geboren,

Daß sie sich noch zu retten streben,
Wenn neben mühevollem Leben
Und harter Arbeit Last und Noth,
Ein Leiden ihrer Seele droht.
Wie oftmals trägt uns durch recht schwere Müh'
Ein froher Geist, dem Glück die Flügel lieh.

Heut war zum ersten Mal, seit Wochen,
Der Mann in Frieden fortgegangen.
Die Christnacht war's, er hatte ihr versprochen,
Als sie mit Zagen und mit Bangen
Die letzten Groschen gab, für seine Kleinen
Ein Brod zu bringen, denn ihr hungrig Weinen
Rief selbst des Vaters Herz noch wach,
Das sonst wie todt im Schlafe lag.

Jetzt kommt er. – Horch! ... sein Lachen klang
Die stille heil'ge Nacht entlang;
Und wieder ... horch! – jetzt tritt der Vater ein;
Die Kinder wachen auf ... sie schrei'n:
Simplizitas! als könne nur allein
Simplizitas noch ihre Rettung sein.

Starr sieht die Mutter auf den trunknen Mann;
Mit blödem Auge kommt er dicht heran,
Und lacht und schwankt und spricht sie an
Und sucht in langvergeßnen Zärtlichkeiten
Die Arme nach ihr auszubreiten. –

Bleich weicht sie aus bis an die Wand,
Jetzt steht sie ganz in seiner Hand,
Sie fühlt den Kuß und länger hält sie's nicht:
Jäh wie der Blitz die Wolkenwand durchbricht,
Ballt sie die Faust und schlägt sein Angesicht.
Dumpf brüllt er auf. – Er faßt sie wie der Tod;
Ein Messer blitzt in seiner Rechten,
Er scheint beseelt von düstren Mächten,
Schon färbt die Hand ein dunkles Roth. –
Sie schreit und lärmt in ihrer Noth.

Von allen Seiten dringt das Volk herein.
Sie fassen ihn, sie schreien auf ihn ein.

Ernüchtert steht er – theilnahmlos daneben,
Als fühl er kaum sein Elend und sein Leben;
Auf seiner Stirne glüht der Sünde Zeichen,
Ein Merkmal für die Reinen, auszuweichen.

Sie weint und schreit und kann kein Ende finden,
Ihr Elend vor den Leuten zu entfalten,
Wie viel sie jüngst gelitten, ausgehalten,
Bei solchem Mann und seinen vielen Sünden.

Simplizitas, erschreckt, verstört,
Begreift nicht was sie sieht und hört.
Ihr armer Geist bemüht sich klar zu sehn,
Doch nimmermehr wird sie die Welt verstehn.
Sie küßte, streichelte das Kleine,
Bekümmert daß es dennoch weine;
Verlegen lächelt sie es an,
Wie sie es oft am frohen Tag gethan. –

Jetzt führen sie ihn fort – er folgt den Leuten stumm;
Er sieht sich nicht einmal nach seinem Jungen um.
Dem war er doch so herzlich gut,
So stolz auf seinen frohen Muth. –
Der Junge aber trägt das nicht,
Er reißt sich los, er klammert sich ihm an,
Bedeckt mit Küssen ihn und spricht
»Simplizitas, wie kannst du sehn,
Daß ihm so Unrecht heut geschehn;
Der Vater ist nicht Schuld daran!«

»Ja rufe nur die Hexe«, schreit die Frau,
»Daß sie das Elend recht beschau,
Sie hat den Schaden angericht'
Mit ihrem glatten, lockenden Gesicht!«
Und forschend sieht das Kind zum Vater auf.
Der giebt ihm bitter höhnend Antwort d'rauf:

»Wenn es die Mutter sagt, die wird es wissen!«
Da hat sie ihm ihr Kind entrissen
Und hinter ihm schließt sich die Thüre zu. –

Sie sind allein – die Leute sind zur Ruh ...
Die Frau, das Mädchen stehn sich gegenüber;
»Geh!« sagt die Frau; »je ehr, je lieber! –«
Es will die Freundliche erbarmen
Das Kind schon wieder aufzuwecken,
Nach all den Thränen, all dem Schrecken.
»Geh!« sagt die Frau, »was bleibst du stehn?
Du thust mir weh, wie eine Wunde
Und wirst du nicht von selber gehn,
So hetz ich dich mit meinem Hunde –«
Da macht Simplizitas die Händchen los
Und legt das Kind der Mutter in den Schooß
Und lächelt, weil es dennoch nicht erwacht
Und wendet sich und geht dieselbe Nacht.

Wild stürmend zieht der März heran!
Fängt so der milde Frühling an?
Das Gräschen scheu hervorgewagt,
Es stirbt im Elend, eh es tagt.

Zur Mutter war Simplizitas gegangen,
Doch heim zur Mühle trieb sie das Verlangen;
Sie schleicht sich hin mit leisem Beben
Und sucht das frohe Kinderleben.

Dort stehn die Kleinen, hart am Mühlenrad.
Sie mochten in vergangner Zeit so gerne lauschen,
Wenn sich's im Sonnenschein, mit wonnevollem Rau-
schen
Aufblitzend, tropfend umgewendet hat –
Zerbrochen war es nun ... ein falber Schein
Umspielte geisterhaft den todten Stein;
Zog um die Kinder lichte Kreise;
Die standen da wie kleine Greise,
Es drang kein Glanz in ihre Herzen ein.
Simplizitas der Sonnenhellen
Erscheinen räthselhaft die Spielgesellen.
Blüht nicht die Welt von neuem auf
Und tausend Freuden keimen mit herauf?
Umsonst versucht sie mit des Waldes Schätzen
Die armen Kinder zu ergetzen –
Die Blüthen, wilder Kluft entnommen,
Die Beere, einsam roth erglommen,
Der Käfer mit den goldnen Decken,
Nichts will die alte Liebe wecken,
Sie wenden sich von ihr mit Schrecken;
Der Bursch gar sieht sie feindlich an
Und droht, wagt sie sich nah heran,
Denn täglich redet ihm die Mutter vor,

Daß er den Vater ihrethalb verlor.
Doch trifft Simplizitas das Dirnchen nur allein,
So freut sich's endlich doch der Spielerei'n
Sie scheut sich, weil's der Bruder thut,
Im Grunde ist sie herzlich gut,
Simplizitas der Anmuthvollen
Und weiß nicht recht, weshalb die andern grollen.

Nur selten blieb die Mutter jetzt zu Haus,
Um Brod zu schaffen, dingte sie sich aus
Und kam sie heim, dann war sie tagessatt
Und frug nicht, wer an ihrer Statt
Ihr Kind gehabt – – die größte Noth
Ist starr und einsam, wie der Tod.
Zwei Monde gingen hin seit jener Nacht;
Gefangen hat der Mann sie zugebracht.
Sie denkt an ihn mit Angst und Grauen
Und hofft ihn nimmermehr zu schauen.

Heut war ein sanfter nebelhafter Tag,
Wo alles draußen wie im Schlafe lag;
Simplizitas steht dort am Schlehdornhag
Und sucht die Kleine anzulocken
Mit Anemonen, Frühlingsglocken.
Das Dirnchen sieht sich zweifelnd um,
Der wilde Klaus, er weiß nicht drum,
Und schüchtern nimmt es eine Anemone
Und wieder eine, Küß'chen giebt's zum Lohne.

Da kam des Wegs ein Mann geschlichen,
Sein Angesicht, sein Kleid verblichen,
Schlaff hing das Haar ihm um die Schläfe,
Der trank des Kummers bittre Hefe
Bis ihm des Lebens Mark verdorrt –
Scheu irrt sein Blick von Ort zu Ort. –
Jetzt tritt er auf den Mühlensteg,
Zum Hause nimmt er jetzt den Weg.
Jetzt tritt er nah zur Jungfrau hin;
Er spricht »du weißt noch wer ich bin!«

Das Kindchen schreit und birgt sich bang;
Sie aber kennt der Stimme Klang,
Es ist ihr Herr! – er kehrt zurück!
Er bringt dem Hause neues Glück.
Sie weiß vor Freude kaum sich recht zu fassen:
»Jetzt seid ihr armen Kinder nicht verlassen,
Der Vater wird nun bei euch sein!«

Doch eisern faßt er sie bei beiden Händen
Und spricht »sei still; sonst fangen sie mich ein,
Sie werden manchen Boten nach mir senden,
Du kennst das Haus, du kennst die Stelle,
An der der Schlüssel hängt zur Lucht,
Ich hätt' ihn mir schon selbst gesucht,
Allein der Klaus sieht mir zu helle;
Wer weiß was ihm die Mutter klagt.
Daß ich zurück bin, darf sie nimmer wissen,
Hat sie doch selbst mich fortgejagt;
Sie gönnte mir kein Ruhekissen
Und keine Nacht mehr unter ihrem Dach.
Doch wird es auch die letzte sein,
Kein Segen zieht mit mir herein,
Ich such mir stilleres Gemach.«

Da that Simplizitas wie ihr der Herr befohlen
Und ging den Schlüssel von der Lucht zu holen;
Vom Nagel nahm sie ihn, sah nicht den finstren Blick,
Den Klaus ihr schickt, und bringt ihn froh zurück.

Da schleicht das Kind hervor ganz sacht,
Denn wissen muß es, wem zur Nacht,
Simplizitas den Schlüssel heut gebracht.
Er fürchtet sie, sonst hätt er sie gefaßt
Die Hexe, die er haßt.
Er klimmt die Stiege eilig auf;
Dort kennt er einen Pfeiler, der ihn deckt.
Jetzt still – jetzt kommt der Schritt herauf,
Jetzt schallt er dicht, wo sich das Kind versteckt,
Jetzt geht er hart an ihm vorbei ... –

Es weiß, daß es der Vater sei;
Und spät und zitternd schleppt es sich herunter.

Die Kleine fand er schlafend in der Wiegen;
Doch ihm, ihm scheint, als blieb er ewig munter,
Als könnt er nie mehr ruhig schlafend liegen.
Die Mutter kam, sie fragte hin und her,
Sein kleines Herz das wurde zentnerschwer.
Doch von dem Vater hat er still geschwiegen.

Feurig färben sich die Wipfel,
Flammen steigen züngelnd in die Gipfel,
Glühend fassen sie die Aeste,
Tödten Vögelchen im Neste,
Alles stirbt in ihrer Nähe;
Weh! den wilden Gluthen wehe!

Ein jäher Lichtstrom weckt die Schläfer auf.
Die Mühle brennt – die Mühle steht in Flammen!
Noch halb im Schlafe läuft das Volk zusammen;
Es steht entsetzt und thatenlos zu Hauf
Und läßt dem Feuer seinen Lauf.
Hier kann die Hülfe nichts mehr nützen,
Nichts ist hier mehr zu wahren und zu schützen.

Simplizitas steht unter ihnen,
Ihr goldnes Haar vom Flammenlicht beschienen;
Sie ahnt die Leiden nicht, die sich bereiten
In dieser Gluthen wilderregtem Streiten. –
Wie schaurig sieht es um die Mühle aus!
Jetzt bringen sie des Hauses Herrn heraus;
Bei seiner Leiche mehrt sich das Geschrei
Und schlimme Worte, Flüche sind dabei.
Hat ihn die Gluth nicht schwarz genug verbrannt,
Daß man den Armen dennoch fand?
Der Ring verrieth's ... den trug er an der Hand;
Sein Trauring war's, von seiner Frau gegeben.
Der bleichen Lippen schwer bekämpftes Beben
Spricht laut genug »Ich hab ihn längst erkannt!«

Doch lauter wird der Frager Toben.
»Wer gab den Schlüssel ihm? Wer ließ ihn ein dort dro-
ben?«
Da wirft sich schreiend Klaus zum Vater hin,

Nur langsam faßt man seiner Worte Sinn.
»Sie war's! sie war's! sie ließ den Vater ein!
Die Hexe trägt die Schuld allein!«
Und zeugend hebt er seine kleine Hand
Zum Orte auf, wo still die Jungfrau stand.

Da theilt sich schreckensvoll die Menge,
Bis vor dem wogenden Gedränge
Simplizitas allein zurückgeblieben.
Sie schüttelt scheu ihr hellerglänzend Haar,
Das ihr der Wind ins Angesicht getrieben,
Und schlägt verwirrt den holden Blick empor,
Den fragenden, wie ein gescholtnes Kind,
Das nicht recht weiß, weshalb wir böse sind
Und so in Unschuld alle Schuld verlor.

Still war's umher. – Doch wie vor Ungewittern,
Wenn lautlos in der Luft die Blätter zittern.
Jetzt bricht der Sturmwind los mit Tosen,
Es schrei'n und dröhn die Zügellosen
Und dringen auf sie ein in wilder Lust. –

Das arme Kind, in dem die Angst erwacht,
Gleich einer fremden, unbegrenzten Macht,
Will fort, erschreckt, nur halb bewußt.
Umsonst! – sie fleht vor tauben Ohren;
Wen sich des Volkes Zorn erkoren,
Der ist verloren. –

Simplizitas erscheint ihr wilder Groll
Wie eines Ungeheuers grause Näh.
Bald lächelnd, bald die Augen thränenvoll,
Versucht sie sich zu retten, flüchtig gleich dem Reh.
Umsonst – – ein lebendes Gefängniß
Schließt sich der Kreis, erbarmungslos,
Wie Meeresfluth steigt die Bedrängniß,
Die Angst, die Noth wächst riesengroß.

Doch seht! es weicht der wilde Schwarm,
Es sinkt der kühn erhobne Arm.
Wer lähmt die rohe Volksgewalt?
Wem sind sie scheu und bang gewichen,
Als ob ein Zauber sie beschlichen?
Der armen elenden Gestalt,
Dem schwachen Weib, zerlumpt und alt.
Frohlockend hat die Tochter sie begrüßt,
Sie sanft gestreichelt und so heiß geküßt.
Wer fühlte sich in seiner Mutter Nähe,
Nicht sicher, was auch rings umher geschähe!

Im Volke hebt sich Stimm auf Stimme:
»Nehmt euch in Acht, das ist die Schlimme!
Die Hexe ist's! seid ja auf eurer Hut,
Daß euch die Arge nur kein Leides thut.
Seht nur den Kater! seht das ist der Böse!
Die Augen funkeln ihm wie höllisch Feuer.
Vergangnes Jahr, so um die Aehrenlese,
Da hat sie noch dem John, dem Dicken,
Es angethan mit ihren Blicken.
Er starb ... verbrannt ist Hof und Scheuer,
Laßt uns hinweg! hier ist's nicht mehr geheuer!
Das Kind hat sicher gleiche Macht,
Ihr merkt's am Jammer dieser grausen Nacht!«
Die Alte lacht in kreischend hellem Ton,
Und spricht der Dummheit triumphirend Hohn.
Wünscht ihnen Pestilenz und Krieg und Hungersnoth,
Ein schlimmes Leben und noch schlimmres Sterben.
Bang schleicht sich alles fort, als wär ihr Drohn Verder-
ben
Und jedes ihrer Worte sichrer Tod.

Da richtet sich die Müllerin empor,
Den kleinen Sohn in ihren Armen
Und dräuend spricht sie ihm die Worte vor,
»Die Rache, die ich heut verlor,
Du sollst sie fordern ohn' Erbarmen,
Nicht ruhn, nicht rasten, bis mir Recht geschehn;

Ich weihe dich dazu mit heil'gen Mutterhänden,
Und ist der Gott gerecht, zu dem wir flehn,
So hört er mein Gebet und wird Erfüllung senden.«

Und wie sie's sprach, da stürzt das Haus zusammen
Und Finsterniß bezwang die Flammen.

Freundlich erwachte der Mai auf der Erde,
Weckte der Vögel geschwätzige Heerde,
Weckte die Blumen, die bunten Gesellen,
Weckte die Bäche, die Fröhlichen, Schnellen;
Alle zur Freude, zum frohen Genießen,
Seht wie die Blüthen sich drängen und sprießen!
Hört wie den Vögeln die Lieder gelingen,
Saftige Quellen die Dürre durchdringen.
Jubelnder Mai! in der lockenden Weise,
Rede nur ja zu den Menschen recht leise!
Weckst du die Liebe mit Frühlings-Gedanken,
Bricht sie dir stürmend die irdischen Schranken.
All deine Wonnen, dein strahlendes Leben,
Reichen nicht hin, ihr den Frühling zu geben.

Die Alte war zum Walde heimgegangen,
Als sie ihr Kind gerettet und befreit,
Sie lächelt, streichelt ihr die bleichen Wangen.
»So recht mein Schatz, das Werk ist angefangen,
Ihr Elend bringt mir frohe Zeit.
Sie machten Hochzeit heut vor wenig Jahren,
Da bin ich nicht umsonst dabei gewesen,
Jetzt werden sie genugsam wohl erfahren,
Wie weh es thut vom Reichthum Brocken lesen
Und noch dazu verhöhnt und schwer gekränkt.
Den Hunden hätten sie es ehr geschenkt
Als mir ... Wenn ich bedenke, wie es war:
Solch glückliches, solch stolzes Paar!
Und ich ein Wurm im Staube kriechend,
Am Leibe krank und in der Seele siechend.
Jetzt ist's an euch und bitter wird es sein
Und mögt ihr Herzen finden, hart wie Stein!«

Schlaftrunken schlich Simplizitas daneben,
Mühselig ohne Acht zu geben.
Kaum brachten ihre müden Schritte
Sie nach der Hütte in des Waldes Mitte.
Von Schlaf bewältigt lag sie Tag und Nacht
Und als sie endlich ganz und voll erwacht,
Da ist ihr grad, als habe sie geträumt;
Die böse Zeit versank mit ihrer Plage
Wie eine grauenvolle Sage
Und drüber sproßt ihr Frohsinn wieder.
So schüttelt froh der Vogel sein Gefieder,
Strömt auch der Regen noch so wild hernieder,
Der Sonne bringt er immer neue Lieder.

So gingen Tage, gingen viele Wochen,
Die Alte hatte wenig nur gesprochen.
Doch endlich fing sie an sich zu beschweren,
Sie hab es satt Simplizitas zu halten und zu nähren,
Den Schmetterling, der nutzlos sie umgaukelt,
Sich sorgenlos auf allen Blüthen schaukelt,
Als könne er von Licht und Sonne leben,
Nicht einen Bissen will sie ihr mehr geben.
Das Kind soll fort,
Soll nützen seiner Schönheit Hort.

Verschlafen steht in Nebeldecken
Der Morgen dämmert kaum im Wald,
Da geht sie schon das Mädchen wecken.
Sie ruft: »Steh auf! – fort mußt du und das bald!«
In Eile nimmt Simplizitas ihr dürftig Kleid
Und fertig steht sie da zum Gang bereit.
Es gab nicht viele Abschiedsworte,
Die Alte öffnete der Hütte Pforte,
Und wie ein Vogel, seiner Haft entlassen,
Zieht sie dahin auf dicht begrünten Gassen.
Es grüßen sie mit thaubeschwerten Zweigen
Des Waldes Tannen, die sich beugen, neigen
Und Tropfen auf sie niederweinen,
Als wär's ein Schmuck von edlen Steinen.

Sie lacht und jauchzt dem blanken Regen,
Und findet Freuden allerwegen.

So lief sie spielend lange Strecken:
Doch ohne Jemand zu entdecken.
Und endlich setzt sie sich ermattet
Zum Felsenquell, von Laub beschattet;
Die wonnigliche Maienluft
Durchzogen rings von Waldesduft.
Da hört sie jammervoll, in lauten Klagen
Von ferne eine Drossel schlagen.
Die Jungfrau ging entlang am Bach
Und unter grünem Blätterdach
Da sah sie eine Drossel hangen,
Die war gefangen.
Darüber schreit das Männchen, flattert, schreit
Verzweifelt nahe bald, bald weit.
Sie nimmt das Thierchen ab, sie streichelts liebevoll,
Und meint, daß es die kleinen Krümchen fressen soll,
Die sie ihm reicht, mit Tropfen aus der Quelle;
Allein sein Köpfchen hängt zur selben Stelle,
Es zuckt und stirbt in ihrer ros'gen Hand. –
Sie legt es zitternd auf den weichen Sand.
Erschrocken steht sie abgewandt.
Auch hier ist wieder Tod und Leid? –
Doch von der Quelle nicht gar weit
Da stand ein Jüngling ganz in ihren Reiz versunken.
Die Sonne spielt in warmen Liebesfunken
Ihm um das Haupt, als wolle sie ihn zünden;
Sie weiß ein goldnes Strahlennetz zu binden
Von ihm zur Jungfrau, hin und wieder;
Es zieht ihn zu der Quelle nieder.
Und eh er sich's noch recht bedacht,
Steht er in ihrer holden Macht –

Ganz schüchtern hebt er seine blauen Augen,
Als könnten sie zum sehen kaum recht taugen
Und spricht: »Gott grüß euch! seid ihr hier allein?« –
Sie sieht ihn an so hell und rein,

Als säh' sie ihm ins scheue Herz hinein
Und fragt: »Wer sollte bei mir sein?
Die Mutter schickte mich mir Freunde zu erringen,
Doch ich versteh nicht viel von solchen Dingen.
Sagt mir durch welche böse Schlingen
Gerieth dies Vögelchen in Noth
Und sagt mir, ist das Thierchen wirklich todt?«

Erröthend wie ein Mädchen hört er sie erzählen
Und beichtet seine Schuld am Todesfall;
Wie er mit rothen Beeren für die Vogelkehlen
Die Sprenkel aufgerichtet überall.
Gar lieblich weiß er sich herauszureden,
Daß uns der Herr, seit wir nicht mehr in Eden,
Die Thiere schenkt zum Unterhalt.
Er hab ein Mütterchen zu pflegen,
Das sei schon schwach und sei schon alt,
Da fang er nun die Drosseln ihretwegen;
Viel blankes Geld bekäme er dagegen.

»Komm geh mit mir nach Haus zu meiner Mutter!
Dort zeig ich Vögel dir in Menge,
Von Amseln, Finken ein Gedränge.
Aus meinen Händen nehmen sie das Futter
Und kommen spielend mir um's Haupt geflogen,
Denn alle hab ich selber mir erzogen.« –

Da nickte sie ganz überzeugt,
Die Rede hat ihr mächtig schön gedäucht.
Und beide gehen lieblich schwätzend,
An Wald und Blumen sich ergetzend
Der Hütte zu, die durch die Tannen flimmert,
Als wäre sie aus purem Gold gezimmert.

Das Mütterchen stand vor der Thüre,
Erstaunt wen hier der Sohn zum Hause führe.
Simplizitas, vom Sonnenlicht umleuchtet,
Das volle Haar mit flüss'gem Gold befeuchtet,
Scheint Ihr ein Zauber, eine Elfe.

Sie schlägt ein Kreuz, daß Gott ihr helfe!
So schön – allein im Wald gefunden,
Das kann nichts Gutes wohl bekunden! –

»Seht Mütterchen«, begann der Sohn,
»Das was ihr suchtet, fand ich schon,
Ihr brauchtet Jemand euch zu pflegen,
Dies liebe Mädchen kam mir heut entgegen;
Das hat der Himmel so gewendet
Und seinen Engel euch gesendet.«

Doch heimlich zieht die Mutter ihn beiseit:
»Nimm dich in Acht! 's ist just die Geisterzeit!
Im Walde spukt der Elf, der Nix geht um,
Die Hexen reiten Nachts ums Haus herum;
Zu lieblich scheint sie für ein Menschenkind
Und anders als solch arme Jungfern sind.«

Er aber schlägt die Worte in den Wind,
Und seine siegsgewohnten Bitten,
Die haben bald den Platz erstritten,
Denn was sie geben kann, ist immer sein.
Wie glücklich führt er nun Simplizitas hinein.
So festlich ward noch keiner wohl empfangen,
Denn alle Vögel, die im Stübchen hangen,
Die fangen an mit Macht zu musiziren;
Sie fühlt ihr Herz mit ihnen jubiliren
Und freudig tritt sie in die neue Heimath ein.
Das Mütterchen hat immer noch Bedenken;
Doch Schönheit weiß so fromm zu reden,
Besiegt und fesselt einen Jeden.
Und sagt' sie euch, sie käm' aus Eden,
Ihr müßtet doch zuletzt ihr Glauben schenken.

Ein reicher Sommer war's – ein unerschöpflich Blühen.
Gar liebliche Verschwendung herrscht auf Erden;
Die Knospen drängen sich erlöst zu werden
Und jede will zuerst im Farbenglanz erglühen.
Wie manche stirbt als Keim in nutzlosem Bemühen,
Denn wo sie zu gedrängt und üppig stehen,
Da müssen oft die Lieblichsten vergehen. –

Die Tannen schau'n in langen Prachtgewändern
Wie weise Hüter auf die bunten Kleinen;
Doch wie sie auch gesetzt und dunkel scheinen,
Der Sommer weiß sie hurtig grün zu rändern
Und zwischen dichtbelaubten Aestchen,
Da schrein aus ihren warmen Nestchen,
Die ausgelassnen Vögelein.
Der Jüngling fing sich manchen Schreier ein,
Im Käfig singen sie ihr Liedlein weiter
Und pfeifen grad so übermüthig heiter,
Als pfiffen sie im dichtbegrünten Hain.
Zuletzt hielt nur noch Liebe seine Sänger
Und welche Kette schlösse enger,
Doch hat wohl Niemand je gefunden,
Daß Liebe ihn zu fest gebunden.

Simplizitas, der Jüngling war dein eigen!
Und wie die Winden nur an fremden Zweigen
Als bunte Blüthen in die Höhe steigen,
So wollen Wünsche und Gedanken
An dir allein sich aufwärts ranken.
Wie lieblich müht er sich, dein Leben
Mit Lust und Freude zu durchweben,
Wer dir so wohl gethan, du weißt es kaum;
Dir kommt das holde Glück im Traum

Und all die Wonnen, die des Tages Saum
Dir schmücken wie das Sonnenlicht den Baum.

Ja selbst des Mütterchens vertrocknetes Gemüth
War solcher Freude neu erblüht;
Allein ihr Mißtraun lag nur überdeckt,
Der Funke leicht zum Flammenmeer geweckt.

Ein Sommerabend war's. – Des Tages Gluthen
Erloschen sanft in linder Lüfte Fluthen,
Da saßen an dem Bach die Beiden.
Sie spielte wie ein Kind mit einem Zweig von Weiden,
Doch er war ernst und unbeachtet sanken
Die Blätter, die sie reichte, und ertranken.

»Simplizitas!« so hub er an und in dem Worte
Eröffnete die Liebe ihre heil'ge Pforte,
Und brachte ihr den ganzen Wundersegen
Mit holder Scheu entgegen.

Sie lächelte und sprach »Was willst du, sprich?«
Er aber schloß sie stürmisch fest an sich
Und rief »Simplizitas, dich will ich! dich!«

Sie sprach »das ist doch wunderlich!
Denn alle Tage hast du mich.«
»Ach!« rief er, »wirst du Liebe nie verstehn?
Wie doch vor Sehnsucht Herz und Seel vergehn,
Kann ich auch täglich die Geliebte sehn!
Mir frommt die Nähe nicht, mir frommt kein freundlich
Wort,
Es treibt ein wilder Geist mich fort und fort,
Der mehr begehrt, je mehr du giebst,
Sprich aus, Simplizitas, daß du mich liebst!«

Simplizitas strich ihm das Haar zurück
Und sah ihn an mit ihrem Kinderblick
Und sprach »Ich liebe dich, sei ohne Sorgen,
Denn nur bei dir fühl ich mich wohl geborgen;

Wen hätt ich lieber nur als dich?
Gewiß, ich lieb dich sicherlich.«

Da faßt er glühend sie bei beiden Händen,
Sie kann die Augen nicht von seinen wenden.
»Simplizitas, sie nennen dich ein Kind
Und meinen, daß sie klug und weise sind;
Mir leuchtet deiner Einfalt heil'ger Schein,
Als könntest du der Engel Einer sein
Und plötzlich deine lichten Schwingen heben,
Um fort von hier der Heimath zuzustreben;
Ich aber kann nicht ohne dich mehr leben!
Du sagst, du liebst mich! sag's Simplizitas!
Mein Herz begehrt den Trost ohn Unterlaß;
Und sag mir zu, nie wirst du mich verlassen,
Für immer woll'n wir Hand in Hand uns fassen,
Verbunden wie zwei Blüthen einem Stengel,
Verbunden wie dem Himmel Gottes Engel,
Nichts kann uns scheiden, Nichts uns trennen,
Denn unsre Lebenslichter brennen
Wie heilig fromme Opferflammen
Für immer nun zusammen! –
Du sagst, du liebst mich, sag's Simplizitas!
Mein Herz begehrt den Trost ohn Unterlaß!«

Und schüchtern, wie ein Kind, das fremde Worte hört,
Halb hoch erbaut und halb verstört,
Erhebt sie ernst ihr holdes Augenlicht
Und spricht die Worte nach, die Liebe spricht.
Sie wagt kein Lächeln, sieht so heilig aus,
Als käme sie vom Kirchgebet nach Haus.

Da küßt er freudig ihren rothen Mund
Und fest geschlossen scheint der holde Bund.
Der eignen Liebe Ueberfülle
Dient fremder Dürftigkeit zur Hülle.
Ein schlechter Rechner bleibt die Liebe
Und wird gar oft am eignen Gut zum Diebe.

Das Mütterchen empfängt sie nicht erfreut,
Zum Gotteshause will sie heut.
Sie hört nicht gern, was ihr der Sohn erzählt,
Daß er Simplizitas zur Frau gewählt –
Erst sprach sie, »bittet Gott um Segen!
Ist Er dafür, bin ich auch nicht dagegen;
Doch nie, so oft auch Glocken klangen,
Ist sie zum Kirchgebet gegangen,
Kein heilig Sakrament hat sie empfangen.
Begleiten soll die Jungfrau mich zur Messe,
Daß sie mit mir vom Brod des Himmels esse.«

Froh rief der Sohn: »Gern geht sie – gern sogleich,
Der Einfalt eignet Gott sein heilig Reich.
Simplizitas, ich kann für heut nicht mit,
Allein dein reines Flehn vertritt
Uns beide dort, wo tief und hell
In ew'ger Klarheit fließt der Liebe Quell.«

Drauf drückt das Mütterchen den Rosenkranz
In ihre fromm gefalt'nen Hände.
Der Jungfrau ist, als ob geheimen Glanz
Das goldne Kreuz, das Leuchtende entsende.
Als Kind schon sah sie, sehnsuchtsvoll und scheu,
Durch bunte Scheiben in die Kirchenhallen
Und wagte nicht mit auf die Knie zu fallen,
Nicht ihr Gebet, das Kindische zu lallen
Und wußte nicht – weß Haus es sei.

Jetzt geht die Alte, hinter ihr das Kind,
Es hebt die Füßchen eifrig und geschwind;
Geht aller Lustbarkeit vorbei
Und schlägt die Augen nimmer auf,
Sehn gleich die Blumen oft genug herauf,
Und streift sie leicht in bunten Zügen
Der Schmetterling auf seinen Flügen.
Sie langen an beim alten Kirchenthor.
Gar viele Leute stehn gedrängt davor,
Die sehn sich um, bald dort, bald hier,

Simplizitas sieht nur allein,
Als ging es dort zum Paradies hinein,
Der Kirche graue kleine Thür.
Sie liegt in zauberhaftem Schein,
Die Abendlichter fallen durch die Scheiben,
Ein zitternd Spiel mit Stäubchen dort zu treiben.
Und wie die Strahlen sich dem Staub vermählen,
Da werden's Himmelsleitern für die Seelen.
Die dunklen Bilder fangen an zu leuchten,
Daß sie mit Gold gemalt den Augen däuchten
Und droben schweben über dem Gedränge,
Wie Gottes Engel, heilige Gesänge.

Simplizitas dünkt's wie ein Zaubergarten,
Kein Glück zu hoch, von hier es zu erwarten.
In einem Eckchen kniet sie nieder,
Ihr froher Blick schweift hin und wieder,
Und scheint die Strahlen tief hinein zu trinken,
Die tausendfach im Auge wiederblinken.
Die Alte murmelt ihren frommen Spruch
Und sieht nach ihr, wohl mehr als nach dem Buch;
Doch da Simplizitas so züchtig kniet,
Wie festgebannt nur nach dem Priester sieht,
So hofft sie, glücklich wird die Prüfung enden;
Der Sohn empfängt dann froh die Braut aus meinen
Händen,
Und brünstig wendet sie jetzt himmelswärts
Ihr unruhvolles Herz.

Der Priester hebt den goldnen Kelch empor,
Voll Andacht singt der fromme Chor;
Da trifft Simplizitas ein Klingen,
So scharf und hell wie Silberglocken,
Sie weiß, nur einer kann so singen;
In's tiefste Mark fühlt sie die Töne dringen
Und lauscht und zittert ganz erschrocken.
Ein Knabe war's, in blonden Locken.
Mit seiner Mutter, wie es scheint,
Dabei ein Kindchen elend und verweint.

Doch wie Simplizitas die drei in's Auge faßte;
Stockt ihr das Blut, die Wange sie erblaßte,
Und zitternd, mühevoll den Schrei bezwingend,
Mit ihrer Glieder Ohnmacht ringend,
Entflieht sie all der Pracht – der Glocken Läuten,
Es scheint ihr Feuer, blut'gen Tod zu deuten;
Und drohend steigt die Nacht, die Schreckliche empor,
Nur davon, dünkt ihr, spricht der Priester, singt der Chor;
Das Volk, wie damals, drängt sich dicht und dichter,
Zu Höllenflammen werden heil'ge Lichter,
In wilder Flucht – erreicht sie todesmatt,
Der neuen Heimath sichre Statt.

Ganz still ist's rings umher.
Simplizitas erscheint die Welt wie leer
Und nur die eine Nacht ihr ganzes Leben.
Wie die Gedanken sich mit ihr verweben,
Als könn' es nichts als Tod und Elend geben.
Kann sie denn niemals mehr von ihnen los?
Sie legt die Hände rathlos in den Schooß,
Und drohend ziehen ahnungsvolle Schauer
Durch ihrer Seele halb bewußte Trauer.

Es war der Klaus, die Mutter und das Kleine,
Die sie in jener Kirche Dämmerscheine,
In jener heiligen Gemeinde
Mit Recht erkannt für ihre Feinde.
Und auch die Frau hat sie gesehn
Dort stehn,
Wohl nicht umsonst; doch traut sie nicht dem Volke,
Das abergläubisch, wechselnd wie die Wolke,
Die beiden neulich fortgelassen;
Sie traut nur ihrem eignen Hassen.
Sie merkt sich wohl, mit wem das Mädchen kam
Und sah wie ihr die Angst die Sinne nahm
Und sah wie sie so gut gekleidet,
Nicht Mangel oder Elend leidet

Und sah ihr Glück und schwur es zu vernichten;
Die Hexe selbst zu Grund zu richten. –

Das Mütterchen hat nichts gesehn;
Es war ihr heut, wie oft geschehn,
Daß sie der Schlaf ein wenig überwand.
Doch nimmt sie jetzt den Rosenkranz zur Hand
Und ihre alten Augen spähen,
Um mit Simplizitas nach Haus zu gehen.
Voll Unruh gehn sie hin und her,
Allein die Jungfrau finden sie nicht mehr.
Als sie am Kirchweg rathlos stand,
Weil sie ihr Kind nicht fand,
Da rief die Müllerin »ich will euch sagen,
Was sich mit eurem Schützling zugetragen!«
Und zitternd hört die Alte sie erzählen
Und weint und weiß kein Mittel recht zu wählen,
Die Hexe aus dem Haus zu jagen.
Hat sie ihr doch des Sohnes Herz entwendet,
Wer weiß, wo all der Jammer endet! –

»Laßt!« flüsterte die Frau, »die Flucht sei meine Sache!
Euch schaff ich Hülfe, mir die Rache.
Ihr saht nicht, wie sie feig zusammen brach,
Als ihr Gewissen sprach.
Mein Antlitz kann sie nimmermehr ertragen
Und, wo ich bin, zu bleiben niemals wagen.«

Sie treten ein. – Simplizitas voll Grauen,
Versteckt im letzten Winkel – läßt sich nicht mehr
schauen;
Sieht ganz entsetzt, durch eine helle Spalte,
Am Feuer stehn die Fremden und die Alte. –
Wie kleine Vögel vor den Klapperschlangen,
Versteinert, durch den gift'gen Blick gefangen,
So blieb ihr Auge an den dreien hangen.

Doch heimlich sucht der Klaus Simplizitas,
Mit seinen Jahren wuchs sein Haß.

Er hat ihr nicht die grause Nacht vergessen,
Wie oft hat er im Bette wach gesessen
Und alles jammervolle Elend übermessen,
Das sich mit ihr in's Haus geschlichen,
Bis alle Lust daraus entwichen.
Und wie Simplizitas versteckt dort stand,
Da fühlt sie plötzlich eine Kinderhand,
Die faßt sie an des Kleides Falten
Und schaudernd fühlt sie sich gehalten.
Doch gleich der Fluth kehrt ihr die Kraft zurück.
Sie reißt sich los mit irrem Blick
Und stürzt hinweg wie damals, wild gejagt,
Wie einer, der nach keinem Ziele fragt,
Nur fort! nur fort – nur los von dieser Kette,
Die eisig sie umschlingt mit schlangengleicher Glätte.

Am Himmel thürmen sich gewalt'ge Schatten
Und Wolken jagen, Wolken ohn' Ermatten,
Bis alle sich in Nacht vereinigt hatten.
Der Sturm ergreift die jungen Tannenwipfel,
Sie richten ächzend aufwärts ihre Gipfel,
Allein er reißt an ihren Zweigen
Und die sich ihm nicht willig neigen,
Die fallen krachend und zersplittert,
Daß rings umher der Boden zittert. –

Der Jüngling kam nach Haus … o elend Wiederkom-
men!
Ward uns in dieser Zeit des Hauses Licht genommen,
Wenn leer die Stätte, wo uns sonst empfangen
Ein Liebesgruß, ein Kuß auf unsre Wangen.
Ach wem die Seele von dem Haus gegangen,
Der wird nach andrer Heimath bald verlangen.
Mag man auch noch so schwer Simplizitas verklagen;
Aus allem was die Frauen sagen,
Hört er nur eins … Simplizitas ist fort!
Sein ganzes Elend faßt dies eine Wort.
Und stürmisch stößt er mit des Schmerzes Kraft
Die Hand hinweg, die ihn noch hält in Haft,

Und stürzt hinaus und ruft Simplizitas!
Simplizitas ohn Unterlaß! –

Die Alte hört den Ruf die ganze Nacht,
Die sie im Beten weinend zugebracht
Und zwischendurch das wilde Toben
Des grimmen Sturm's im Wipfel droben.
Und auch Simplizitas, die Bebende,
In Angst und Schrecken Schwebende
Vernimmt den Ruf, des Herzens Hülfeschrei,
Und ihres sagt ihr, wer es sei.
Allein sie flieht ihn, birgt sich schauernd,
Nur ihre Freiheit bang erlauernd
Durchstürmt sie triefend, müd verwacht,
Die wilde dunkle Regennacht.

Lieblich erhob sich am folgenden Tage
Strahlend die Sonne, als wäre die Klage
Nur eine Sage; –
Wandte das Grausen, wandte das Dunkel,
Tropfende Thränen in Sternengefunkel.

Am Waldesrande saß Simplizitas
Und trocknete ihr Haar, von Regen naß.
Die Tropfen, die mit silberhellem Blinken
Von seinen goldnen Wellen niedersinken,
Versucht der Sonnenstrahl hinwegzutrinken.
Sie war noch halb verweint und halb im Lächeln;
Getröstet durch der warmen Lüfte Fächeln.
Wie kann ein Kind wohl traurig sein?
Wenn rings umher im Sonnenschein
Sich tausend frohe Leben regen,
Die Welt kommt fröhlich ihm entgegen,
Und Frohsinn giebt es ihr dagegen.
Nur manchmal fährt sie scheu empor
Und lauscht gespannt, die Hand am Ohr.
Und immer war's, als rief er ihr,
Simplizitas, bist du nicht hier?
Und ruft er auch mit tausend Liebeszeichen,
Er wird die Fliehende nicht mehr erreichen,
Nicht dringen zu der bös verrufnen Schlucht,
Die sich das Hexenkind zum Schutze ausgesucht.

Doch als es Abend ward, da starben
Die Sonnenlichter und die bunten Farben;
Die Bäume standen schwarz, in Trauerflor gehüllt,
Und stumm der dunkle Wald, den sonst Gesang erfüllt.
Und wieder fühlt Simplizitas den Schrecken
Wie eine kalte Hand sich nach ihr strecken.
Sie rafft sich auf. – Sie sucht den Wald zu fliehn,
Doch Nacht und Dunkel werden mit ihr ziehn. –

Sie folgen ihr wie Geisterschatten,
Und tödtlich fühlt sie sich ermatten.

Verwundet, fast gelähmt die schönen Glieder
Sank sie an einer Klosterpforte nieder
Und hofft auf Trost und kann's nicht fassen,
Daß sie vom Glück so ganz verlassen.
Wo Liebe wohnt, ist Hülfe bald zur Stelle;
Das Pförtchen öffnet sich dem Ruf der Armen.
Schon stehn die Schwestern helfend auf der Schwelle
Und tragen die Verletzte voll Erbarmen
Zur kleinen weißen Klosterzelle;
Denn für des Himmels reiche Feste
Ist grad der hülfsbedürftigste der Gäste
Der Liebste und der Beste. –
Zufrieden liegt sie da im Stübchen, reingehalten,
Das Lager frisch, die Decke ohne Falten;
Ein Lämpchen zeigt im goldnen Schein
Ein Bild vom kleinen Jesulein
Und drüber Palmen, Blumensträußchen,
Auch noch ein Vögelchen in seinem Häuschen.
Der Schwester Fides ist's, und solche kleine Welt
Sie gleicht der Seele, die sie schafft und hält.
Hart für sich selbst, doch weich für fremden Kummer,
Bewacht sie zärtlich diesen schweren Schlummer.

Der Morgen dämmerte ... sein frischer Duft
Durchdrang Simplizitas wie Lebensluft.
Ihr war als riefe keck der junge Tag:
»Wirf ab die Nacht, die auf dir lag!«
Und wie der Sonnenstrahl durchbricht das Blätterdach,
Schlug sie die Wimper auf und wurde wach.
Voll Freude kamen alle Nonnen,
Von ihrer Lieblichkeit gewonnen, –
Es rührt uns Schönheit, weil wir wissen,
Ihr lichtes Kleid wird gar so bald zerrissen
In Staub und Noth
Und aller Mühsal, die uns hier bedroht.

Nun blieb sie da und blühte wie der Garten,
Den ihr die Schwestern gaben, sein zu warten.
Sie lernte säen, Kräuter ziehen,
Die rechte Zeit zum Keimen, Blühen;
Und wie die Pflanzen üppig frisch gediehen,
Da pries man ihre segensreiche Hand
Und ihre Einfalt, die das Rechte fand.
Ja Blatt und Blüthe fühlt sie sich verwandt,
Verwandt der träumerischen Blüthenwelt,
Die Blühen schön für Leben hält.
Sie plaudert mit den Vögeln in den Nestern,
Als wärens Brüder ihr und Schwestern;
Doch wenn die ernsten Nonnen fragen,
Weiß sie kein Wörtchen mehr zu sagen.

Umsonst bemühn sie sich, ihr Gottes Wort zu lehren,
Voll Andacht scheint sie zuzuhören;
Und schien sie auch schon halb gewonnen,
Braucht es nur einen Strahl der Sonnen,
Ist sie entronnen.
Mit Scheu betrachtet sie die heil'gen Wunden,
Den Christ am Kreuz im Dornenkranz gebunden
Und kann die Liebe nicht verstehen,
Die durch so leidensvolle Stunden
Für uns zum Kreuze mochte gehen.
Nicht von der Freude will sie scheiden;
Ihr dünket lieben, heiße leiden.

Vergnüglich strich die Zeit Simplizitas vorüber,
Kam auch der Herbst, ward auch der Himmel trüber,
Sie fand der Freuden immer neue
Und keine Zeit, an der sie sich nicht freue –
Hat sie den Armen ganz vergessen,
Der trostlos Wald und Feld durchmessen,
Auf allen Wegen, allen Gassen,
Nach ihr verlangt, nach ihr gefragt?
Zuletzt verzweifelnd sich gesagt:
»Sie hat mit Willen mich verlassen!«

Im Anfang folgte ihr sein Ruf,
Den sich ihr Schrecken immer neu erschuf;
Doch endlich schwieg der bange Laut,
Von Lust und Leben überbaut.
Jetzt hat sie nichts, vor dem ihr graut,
Und fröhlich wie der Schmetterling, der Leichte,
Den nie des Winters bittre Noth erreichte,
Lebt sie dahin, aus allen Blüthen naschend,
Nach jeder Lebensfreude haschend.

Grau war der Tag – war's Nebel oder Regen,
Schwer lag die Luft, kein Leben, kein Bewegen,
Die Tannen, schwarze Trauerzeichen,
Verdorrt die vielgezackten Eichen.

Im kleinen Stübchen, hell und warm gehalten,
Saß eine Frau, sehr alt nach ihren Falten,
Und doch so nah sie war dem Sterben,
Der junge Sohn war trotz dem frischen Roth
Und trotz der Augen, die sich glänzend färben,
Wohl näher noch dem Tod.

Er weiß es nicht – er träumt noch immer
Von Lebenslust in diesem Krankenzimmer.
Die Mutter aber leidet in Gedanken
Wohl tausend Mal die letzte Stunde
Und wieder hofft sie, er gesunde,
Und leidet doppelt durch das Schwanken.
Wir leben nicht nur unser eignes Leben,
Ein jedes Schicksal ward uns mitgegeben,
Das die Geliebten trifft, sei's Lust, sei's Schmerz,
Erlebt hat es das eigne Herz.

Seit jenem Tag, an dem Simplizitas verschwunden,
Hat er die Ruhe nirgends mehr gefunden;
In jedem Wetter irrt er wild umher,
Auf bösen, unwirthbaren Wegen;
An seinem Leben ist ihm nichts gelegen,
Nein! alles war am Leben ihm gelegen,
Sie war's, Simplizitas! sie hält's in Händen,
Sie kann allein den Tod noch von ihm wenden.
Den theuren Namen auf den Lippen
Erklimmt er rauhgezackte Klippen,
Durchwacht die Nacht;

Und wenn der Morgen Licht gebracht,
Dann schleicht er heim, allein und sacht.

Jetzt war es anders – kam der Tag,
So war er froh, zu liegen, wo er lag,
Und jeder Schritt ermüdet ihn zum Sterben;
Nichts helfen kann er mehr und nichts erwerben.
Die Mutter thut's, er merkt es kaum.
Er lebte wie ein armer Baum,
Dem das Verderben an der Wurzel frißt,
Er siecht und krankt, bis er verdorret ist.

Die Mutter pflegt ihn, wie sie sonst den Kleinen,
Der hülflos lag auf ihren Knieen,
Gepflegt mit namenlosen Mühen,
Die niemals ihr zu groß erscheinen.
Wie damals that sie's ohne Klage,
Und auch wie damals nahm er's hin,
Nahm ihre Nächte, ihre Tage
Und niemals kam wohl je die Frage,
Wie es die arme Mutter trage,
In ihres Kindes kranken Sinn;
Denn solcher Liebe schwere Leiden
Sind eigensücht'ger noch als ihre Freuden.

Ein Sonntag kam und lieblich klangen
Die Glocken, die ihr Festlied sangen.
Viel Leute kamen durch den Wald gegangen,
Und frohe Kinderstimmen drangen
Zu ihm heran wie Lebenslaute –
Ihm aber war, als ob ihm graute,
Die Welt, die lärmende, zu hören;
Er sucht sich matt ihr abzukehren,
Damit sie seine Ruh nicht stören.
Von denen war er, die der Geist nicht trägt,
Und die der erste Schmerz erschlägt;
Doch ihre Liebe, scheint sie gleich so fest,
Daß sie den Armen dafür sterben läßt,
Ist schwach und nicht der mächt'gen gleich,

Die selbst verlassen und verachtet,
In Ohnmacht stark, in Armuth reich,
Nie elend stirbt und nie verschmachtet.
An ihren tiefen Schmerzenswunden
Habt ihr sie selten wohl gefunden;
Denn gleich des Lebens frischer Quelle
Erhebt sie neu die heil'ge Welle,
Um müde Herzen zu erquicken;
Denn echte Liebe muß beglücken.

Es dunkelt ... und gespenstisch schwirrend,
Am hellen Fenster sich verwirrend,
Streift durch die nachtbedeckte Luft
Die Fledermaus, der Uhu ruft;
Und horch, jetzt klopft es an das Fenster. –
Ach, seit die wahren Leiden kamen,
Da sieht das Mütterchen nicht mehr Gespenster. –
Zwei dunkle Augen sah sie, sah, es war der Klaus,
Der wartete am Haus.

An jenem Sonntag trieb im Zorn
Der Jüngling alle Drei aus seiner Hütte,
Sie waren seinen Augen gleich dem Dorn;
Nichts half der Mutter flehentliche Bitte.
Verläumder sind sie ihm geworden,
Die tückisch durch die Worte morden;
Nicht solchen wird er Glauben schenken –
Wer wird an Schuld bei der Geliebten denken.

Geräuschlos schlich die Alte vor die Thüre
Und schloß behutsam, daß der Sohn nicht spüre,
Für welchen Gast das Pförtchen heut sich rühre.
Der Knabe zieht sie nah an sich heran,
Vertraut ihr leise flüsternd an
»Ich fand die Hexe, weiß den Ort,
Simplizitas ist bei den Nonnen dort!«

Die Alte zittert, bis in's Herz getroffen. –
So nah Simplizitas, so nah das Hoffen.

Es faßt sie bald wie Freude, bald wie Leid,
Ist es zu spät? ... Ist es noch Zeit? –
Den Sohn zu retten, schreckt sie kaum der Böse –
Ob ihn ihr Anblick noch vom Tod erlöse?
Es schließen, öffnen sich die alten Lippen,
Die zitternd aneinander nippen
Und nun dem Wort, nach dem ihr doch so bange,
Den Klang nicht geben können, lange – – lange! –

»Geh!« sprach sie endlich ... »bring sie her!
Nichts hat sie hier zu fürchten mehr.
Und sag ihr, schlecht versteh' sie sich auf's Lieben,
Mich hätte Nichts von ihm hinweggetrieben,
Und ob sie gleich dem Haus ein Fluch gewesen,
Die Zauberin! kann nur mein Kind genesen,
So will ich ihre Schritte segnen,
Ihr zärtlich thun, ihr fromm begegnen,
Des Abends für sie beten, Tages schaffen,
Durch schwere Arbeit Geld zusammenraffen.
Nur eines soll sie mir dawider geben,
Des theuren Sohnes schwer bedrohtes Leben,
Soll meinen Sohn mir wiederschenken.
Mein Alles sei's, das solle sie bedenken.«

Der Bube zwinkert mit den schlauen Blicken,
»Nur ungern läßt sie sich ins Elend schicken;
Sie sucht nur Spaß und Heiterkeit,
Glaubt mir, die hat stets frohe Zeit.
Als ich das schöne Hexchen sah,
Ich war ihr heimlich nah, ganz nah,
Da lachte sie; ja, ja, sie lachte.
Sie sah nicht aus, als ob sie Eurer dachte;
Sie blühte wie die Rose, die sie hielt.
Mit Eures Sohnes Herz hat sie gespielt.« –

Sein Ohr geschärft durch langes Leiden
Rief jetzt der kranke Sohn den Beiden.
Denn in der Knabenstimme klang
Ein Ton, der ihm zur Seele drang. –

Wie fest die Mutter ihn umschlang,
Als sie ihm sagte »Lebe wieder!
Sie ist gefunden! ist gefunden!
Nun mußt du leben und gesunden!«

Erst sank er wie zum Tod getroffen nieder;
Dann faßt ihn unruhvolles Treiben,
Auf keinem Lager will er bleiben,
Bald weinend, bald mit zorniger Geberde
Begehrt er, einmal nur auf dieser Erde,
Simplizitas zu sehn.
Da sprach die Mutter »Sohn, ich werde gehn;
Auf meinen Knien will ich flehn,
Bis deinem Wunsche Recht geschehn.«
Wie lieblich lächelt er sie an,
So hat er oft als Kind gethan,
Wenn sie, die Kinderhände füllend,
Manch thörichtes Verlangen stillend,
Sein kleines Herz ihm abgewann.
Das war schon Glück! – denn auch der kleinste Schein
Fällt er in solche tiefe Nacht hinein,
Wird uns zum Stern, der uns erhellt
Für kurze Zeit die dunkle Welt.

Der Wind geht kühl, er streift das gelbe Gras;
Im Klostergärtchen steht Simplizitas
Und legt der Rosen zarte Sprossen,
Die nun des Sommers Lust genossen,
Zum langen Winterschlaf hinab.
Die Erde scheint ein großes Grab. –

Da kam des Wegs ein Mütterchen gegangen,
Mit vieler Müh fand sie den Weg, den langen.
Sie fragt nun bittend nach Simplizitas
Ganz demuthsvoll, des Kummers Naß
Ertränkte fast den stolzen Haß.

Es stockt der Jungfrau fröhlich Singen;
Sie hört den Ruf auf Geisterschwingen
Wie damals vor den Ohren klingen.
Doch nicht zum Herzen wird er dringen,
Nicht Mitleid weiß er zu erwecken,
Nur bleichen Schrecken.

Ob sie ihn liebt? sie weiß es nicht,
Weiß nichts von treuer Liebespflicht,
Und wie sie beieinander einst gesessen,
Hat sie vergessen.
Soll sie sich niemals denn erfreun?
Muß sich Vergangnes stets erneun?

Die Alte tritt heran – sie faßt sie bei den Händen,
Sie zwingt sie, sich ihr zuzuwenden.
Simplizitas erbleicht – Die Rosen, die sie sammelt,
Die Letzten noch dem Frost entwandt,
Entsinken ihrer willenlosen Hand,
Als sie des Jünglings Namen stammelt.
Das giebt der Alten Worte, Bitten,

Wie Keiner sie zuvor ersann,
Wie eine Mutter bitten kann,
Die Todesangst um ihren Sohn gelitten.

So stand sie hier und bat und flehte,
Umsonst ... denn Wort auf Wort verwehte.
Stumm schüttelte Simplizitas die Holde
Ihr schönes Haupt, bekränzt vom Abendgolde,
Und ihre Augen meiden halbbefangen
Die Blicke, die an ihren Strahlen hangen,
Als sollten sie ihr Todesurtheil dort empfangen.
Und mehr und mehr erniedrigt sich die Arme,
Sie bettelt, daß sie ihrer sich erbarme,
Sie küßt den Fuß, des Kleides Saum,
Sie lockt sie mit der Zukunft Traum.

Stumm bleibt Simplizitas bei ihren Zeichen,
Nichts kann sie rühren, nichts erweichen. –
Und endlich steht die Greisin auf und geht.
Doch wie der Wind die Worte auch verweht,
Sie fühlt die Flüche, halbgeflüstert,
Mit jenem alten Fluch verschwistert,
Die Kreise um ihr Leben ziehn -

Kann sie dem Fluche nie entfliehn?

Sie flüchtet zu der kleinen Zelle,
Die Schatten schwinden ihrer Helle.
O schützt mich! rief sie, hier nur trifft mich nicht
Der Liebe unerbittliches Gericht.
Hier wohnt der Frieden, dürft ich immer hier
Still und genügsam leben, so wie ihr.
Da zog die Nonne sie
An ihre Knie
Und sprach: »Simplizitas, der Frieden
Ist Keinem ohne Kampf beschieden,
Doch bleibe hier und lerne kennen
Die Liebe, die wir unsre nennen. –

Sie eifert nicht, sucht keine Rache,
Ihr Schmerz und ihre Freuden ... Gottes Sache.«

Zwei Nächte d'rauf, als sanft die Jungfrau träumt,
Klopft Schwester Fides an die Pforte.
»Steh auf Simplizitas! nicht lang gesäumt!
Ein Sterbender begehrt nach Trost und Pflege;
's ist keine von den Schwestern just bei Wege.
Der Kranken sind so viel in diesen Tagen,
Steh auf! und hilf mir Stärkung tragen.«

Simplizitas ergreift ein Grauen,
Wer ist's, wen soll ich sterben schauen?
»Das fragt man nicht, wenn Einer leidet,
Ich kenn ihn nicht; doch sagst du nein,
Es wär' ein Wort, das unsre Wege scheidet.«
Da schwieg Simplizitas und that wie ihr gesagt;
Denn nein zu sagen, hat sie nicht gewagt.

Sie wandern durch die leeren Hallen,
Wie seltsam ihr die Schritte schallen;
Sie blickt dem Boten scheu in's Angesicht,
Und athmet wieder auf – sie kennt ihn nicht.

Des Führers unruhvolle Leuchte,
Die glitzernd strich des Mooses Feuchte,
Erschien ein Irrlicht, dessen Necken
Doch endlich führt zu Tod und Schrecken,
Denn schon des Waldes schwerer Duft
Empfängt Simplizitas, als käm' er aus der Gruft.
Und zwei Mal blieb sie stehn und seufzte tief,
Und horchte, ob sie jemand rief,
Und zwei Mal bat sie unter heißen Zähren
Die Schwester Fides umzukehren.
Die schalt sie kindisch – – schalt sie bald
Und schmeichelt bald dem ganz verstörten Kinde,
Ihr zeigend, wie die Pflicht sie binde.
Doch drohend schweigt der schwarze Wald,

Als deck' er ein Geheimniß zu
Mit seiner stillen Grabesruh.

Jetzt sind sie da ... sie hat's erkannt,
Das Haus, den Steg, die dunklen Tannen.
Sie sucht sich schwankend zu ermannen,
Sie hält ja Schwester Fides Hand.
Und bangend tritt sie nun hinein
In jenes liebliche Gemach,
Wo ihr so fröhlich Tag für Tag
Verging in lautrem Sonnenschein.
Heut wohnt die Trauer unter seinem Dach;
Denn auf dem weißen Lager lag
Der todte Sohn in seiner Mutter Armen.
Mit keiner Liebe kennt der Tod Erbarmen;
Er trennt die Seelen, noch so eng verbunden,
Bis sie in neuem Leben sich gefunden. –

Die Alte sieht nicht auf von ihrem Kummer,
Sie meint, es liegt ihr Sohn in tiefem Schlummer.
Allein ihr Kind, ihr einzig Kind ist todt. –
Es giebt auf Erden solche Noth,
Daß wir sie nicht zu tragen wissen,
Drum wird das Glück uns langsam erst entrissen,
Im Sehnen und im täglichen Vermissen,
Und eingeübt das Herz in vielen Tagen,
Des Jammers ganzen Umfang zu ertragen.

Die Hände, die den Todten krampfhaft halten,
Sucht Schwester Fides im Gebet zu falten;
»Denn eure Thränen«, sprach sie, »die so bitter fließen,
Die lassen ihn den Himmel nicht genießen.«
Die Alte folgt, gewohnt den milden Rügen
Der Klosterschwestern sich zu fügen,
Und müd und willenlos gemacht
Von all den Thränen Tag und Nacht.

Simplizitas blieb wie vergessen
Zurück im kleinen Kämmerlein.

In Furcht und Zittern hat sie dort gesessen;
Und mit ihr zitterte des Lichtes Schein.
Den Todten wagt sie nimmer anzublicken,
Er scheint ihr kalte Schauer zuzuschicken.

Doch endlich kam das frische Morgenlicht,
So fest und klar, das zittert nicht.
Es küßt hinweg die kalten dunklen Schatten,
Die um den Jüngling sich gelagert hatten;
Er scheint zu lächeln, scheint zu leben,
Als braucht' er nur die Wimper zu erheben
Und nur die Lippe zu bewegen,
Auf der sich schon die holden Worte regen.

Und lieblich fühlt Simplizitas sich hingezogen,
Das schöne Haupt zu ihm herabgebogen
Blickt sie ihn an, bis sich aus Thränen
Erhebt ein wunderbares Sehnen. –
»Ach spräch er nur ein einzig Mal Simplizitas.« –
Der Mund bleibt stumm, die Lippe starr und blaß;
Allein wie Vorwurf, kaum ihr selbst bewußt,
Sprach seine Liebe jetzt in ihrer Brust
»Ich gab dir alles, selbst mein Leben,
Hast du mir nichts dafür zu geben?«

Da fängt ein tiefes Mitleid an zu sprechen;
Denn treue Liebe weiß sich so zu rächen.
Sie sieht ihn an mit nassen Blicken,
Das muß ihn selbst im Tod erquicken;
Er lächelt auch, als ob er wüßte,
Daß sie ihn leise auf die Lippen küßte.

Die Vögel wachen auf – es schmettert ihr Gesang
Das stille Trauerhaus entlang.
Und einer rief in einem fort,
Simplizitas mit klarem Wort;
Und kam herangehüpft, sie kannte ihn,
Manch Stücklein hat der Staar auf ihrer Hand gepfiffen.
Des Todten Liebling war's – Ihr wollt er ihn erziehn,

Weil er den schweren Namen endlich doch begriffen.
Da saß er ihm zu Häupten, rief ohn Unterlaß
Simplizitas!

Doch während dessen hat sie schwer verklagt
Die Alte – drohend ihr gesagt
Schuld sei die Hexe, wehe ihr!
Wenn sie sich jemals blicken ließe hier!
Sie fände nie Barmherzigkeit bei mir!
Um ihre liebe Einfalt ganz betrübt,
Geht Schwester Fides schnell die Jungfrau heimzuschi-
cken.
Sie glaubt an keinen Trug in diesen Kinderblicken,
Nur an den Zauber, den die Schönheit übt.

»Geh«, sprach sie, »geh geschwinde;
Man haßt dich hier, geh, daß dich keiner finde.«
»Er liebte mich«, fiel bang die Jungfrau ein,
»Ich gab ihm nichts dafür als Pein;
Mich lieben scheint ein Fluch zu sein.«

Sie nahm den Staar, der ihren Namen schrie,
»Man tödtet ihn am Ende!« klagte sie –
»Laß uns in deinem stillen Kloster wohnen,
Gewiß wir werden es euch dankbar lohnen.«
»Geh nur Simplizitas, im Hause der Barmherzigkeit
Ist Raum für Obdachlose jeder Zeit –«

Wie licht der junge Tag die Liebliche umfing,
Da war kein Baum, der nicht voll Tropfen hing!
Und zwischen Thränen fing sie, ohne es zu wissen,
Zu lächeln an.
Sie hätte gerne Jemand wohl gethan
Und möchte alle Blumen küssen
Die duftig unter ihren Füßen
Ihr Leben für sie ließen.

Im Dorfe aber sagt man laut,
»Simplizitas, die Hexenbraut,

Hat ihrem Schatz das Herz zerrissen!
Und jeder, der der Argen traut,
Wird auch so elend sterben müssen.«

Die Mutter wußte jetzt, ihr Sohn war todt;
Entrückt der Erde Last und Noth.
Sein edles Angesicht dem Himmel zugewendet,
Des Daseins schwerer Kampf beendet –

Doch brausend, gleich dem Wetter zieht's daher!
Ein wildes, ungezähmtes Stimmenmeer. –
Des Dorfes Leute sind's, des Todten Rächer;
Und Klaus voran; er ist ihr Sprecher.
Sie dringen lärmend in das stille Zimmer;
Doch auf dem Todten liegt ein heil'ger Schimmer,
Der stumm die Rache von sich weist
Und wilde Worte schweigen heißt.

Die Alte flüsterte, als schlief er sacht –
»Hinweg! wer hat euch hergebracht?
Simplizitas, die Hexe ist nicht hier!
Mein Sohn gehört nun wieder mir;
Und keiner darf ihm seinen Frieden nehmen.«

Da rief der Klaus, »das soll uns wenig grämen.
Wo ließt ihr sie? wo ist sie hin?
Sie war bei ihm, die Zauberin.«
Die Mutter sprach »Wir beide wissens nicht!
Was kümmert uns ihr trügerisch Gesicht.
Er schläft zu fest und schwer;
Mein altes Herz ist leer.
Wir lieben und wir hassen keinen mehr.«

Da zog der Schwarm von dannen, sie zu suchen,
Mit wüstem Lärm, mit Schreien und mit Fluchen.
Zum Kloster zog er – rief vor seinen Thoren
»Gebt uns Simplizitas heraus!
Sonst stürmen wir das alte Haus,
Und gleich der Hexe seid ihr dann verloren!«

Der Nonnen heilige Gesänge
Ersterben vor dem Schrei'n der Menge;
Und immer wüster und gemeiner
Wird Wort und That – es weichet Keiner –

Da hebt sich aus dem widrigen Gedränge
Ein edles Haupt – ein herrschendes empor
Und ruft »Was stellt der Kriegszug vor?
Schämt ihr euch nicht? ein armes Kind zu fangen,
Seid ihr gerüstet wie zum Kampf gegangen!
Ich geh hinein, ich hol sie euch heraus;
Und wär die Hölle selbst ihr Haus!
Weß zeiht ihr sie? was hat sie euch gethan?
Klagt nur die Hexe bei mir an!«

Da schrie'n in Worten, die verworren wandern
Die Einen bald und bald die Andern
»Schon Zweie hat Simplizitas vernichtet.
Sie erst gewonnen, dann zu Grund gerichtet.
An Liebeszauber ist die Hexe reich!
Ihr Anblick lockt und tödtet doch zugleich!«

Da lacht der Jüngling, daß es klingend schallt.
»Ich fürchte nicht so liebliche Gewalt!
Ein solcher Tod, er wäre zum Entzücken –
Doch falscher Zauber wird mich nie berücken –
Mich täuscht kein lügenhafter Schein,
Und eine Hexe fängt mich nimmer ein!
Die Wahrheit und das Recht sind meines Stamms Pa-
nier,
Ich hab es fleckenlos getragen!
Wer kann es anders von mir sagen?
Vertraut Simplizitas und ihre Strafe mir!«
Da folgte Beifall ihm von allen Seiten,
Denn Tapferkeit gewinnt in jedem Streiten,
Und immer wird ein adliges Geschlecht,
Deß Adel von Gemüth aus echt,
Das Volk beherrschen, ihm befehlen,

Zum Führer wird es sich den Hohen wählen
Und seine Größe sich zum Ruhme zählen.

»Das ist Sever – Sever vom Schlosse,
Den wählt! der sei uns Kampfgenosse!
s'ist keiner sonst so kühn und wahr,
So unerschrocken in Gefahr!«
Und stürmisch rief die ganze Schaar,
»Bist du dabei,
Wir folgen dir wohin es sei!«

Da sprach der Jüngling stolz und frei:
»Laßt mich allein
Zum Hexenkind hinein.«
Drauf ließ das Volk ihn stumm vorbei.

Er dringt durch Labyrinthen-Gänge,
Sonst wohnlich still, jetzt drückend enge,
Und endlich steht er auf der Schwelle
Der heiligen Kapelle.
Die Schwestern thun, als ginge sie die Welt
Nichts an, die tobend sie umstellt.
Wo blieb Simplizitas? es weiß es Keine;
Sie beten hier »Maria, himmlisch Reine,
Nimm unser Kind in deine heil'ge Hut,
Halt seine Einfalt ihm zu gut.«

Doch so ergeben ist ihm nicht zu Muth.
Er sucht das Kloster durch, durchsuchet alle Ecken
Und kann Simplizitas, die Hexe, nicht entdecken.
Jetzt klimmt er zu des Thurmes höchster Spitze,
Da sieht er, auf verwegnem Wolkensitze,
Ein Mädchen, reizend wie im Mährchen
Die Königskinder mit den goldnen Härchen,
Am schlanken Pfeiler kaum sich haltend.
Keck spielt der Wind mit ihrem Kleide,
Als wollt er, Flügel ihr entfaltend,
Sie mit sich führen in die Weite. –

Der Jüngling steht erschreckt, gebannt.
Ein Zittern dieser kleinen Hand,
Nur daß der Fuß ein wenig gleite,
So liegt sie in des Abgrunds Tiefe;
Verloren wär sie, wenn er riefe.
Er steht und starrt gefesselt hin,
Und ihre Schönheit blendet seinen Sinn.
Des Mannes herbe Jugendkraft
Fühlt er durch Zauber wie hinweggerafft,
Sein Schicksal eng dem Ihrigen verkettet,
Verloren er mit ihr, wenn er sie nicht errettet.
Er sucht den engen Weg, den sie gewann;
Doch wie er steigt, so steigt sie jäher,
Er kommt der Fliehenden nicht näher
Und keinen Schritt zu ihr heran.

»Simplizitas!« begann er finster und verdrossen,
»Bist du zu sterben denn entschlossen?
Die Menschen werden dich nicht tödten,
Hier aber droht
Dir tausendmal der Tod.«
Sie hört ihn an mit lieblichem Erröthen
Und hemmt zuerst den Fuß erschrocken;
Dann aber schüttelt sie die Locken,
Die golden wie ein Mantel sie umwallen.
Sie fürchtet nicht zu schwanken, nicht zu fallen;
Das wilde Volk, das fürchtet sie vor allem.

»Geh!« spricht sie leise, »geh! ich bleibe lieber!«
Der Jüngling fühlt die Pulse stocken
Und bald sie schlagen wie im Fieber –
Er schilt, er fleht, sie wird nur dreister
Und scheint die Luftigste der luft'gen Geister.
Doch ungewohnt, umsonst zu flehen
Und gleich dem Bettler dazustehen,
Fühlt er das heiße Blut sich regen;
Er stellt sich drohend ihr entgegen,
Betritt des Thurmes Rand verwegen.

»Simplizitas! ich komme dich zu retten!
Doch regst du dich und wartest nicht,
So mag der Abgrund meinen Körper betten.
Ich stürze mich vor deinem Angesicht
Hinab; dann wird das Volk den dritten
Begrüßen, der durch dich den Tod gelitten!«

Jetzt stand sie still und wartete auf ihn,
Erschreckt, bezwungen, wie es schien;
Sie hob die dunkle Wimper nicht einmal
Als er sie faßte, und die Leute,
Die drunten standen in dem Thal,
Ihm jubelten ob seiner Beute.
Sie lachen und sie spotten ihrer,
Und seine Fäuste ballt ihr Führer.

Vom Thurm herab trug sie Sever hernieder,
Scheu blickt sie nach ihm hin und duckt sich wieder.
Er spricht »du machst es einem schwer!
Ein Kind bist du, sonst garnichts mehr;
D'rum nehm ich dich in meinen Schutz,
Den dummen Buben dort zum Trutz. –«

Das Volk, ergrimmt vom langen Warten,
Murrt, schreit und droht hinanzustürmen;
Schon fällt das Thor vom Klostergarten.
Der Jüngling spottet der Gefahren,
Die immer mächtiger sich thürmen,
Und seine Augen blitzen ihm, die klaren.

Er rief: »Simplizitas, bist du auch gleich
Gefährlich und an Zauber reich,
Als Heilige soll dich das Volk begrüßen!
Knie nieder zu des Kreuzes Füßen
Und küsse fromm das theure Blut,
In dem für dich Erlösung ruht,
Denn deiner Lippen ehrfurchtsvoller Kuß
Ist was dich heute retten muß.«
Da kniet Simplizitas, der Engel keiner

Sah lieblicher wohl aus und himmlisch reiner.
D'rauf öffnen sich die weiten Pforten,
Und drängend füllt sich's aller Orten
Und wälzt sich heulend wild herbei,
Als käm ein Ungethüm von dorten,
Dem seine Beute sicher sei.

Mit scharfem Wort empfängt Sever die Rohen.
Er spricht: »Was soll hier euer Drohen!
Die Hexen pflegen nicht zu beten,
Sie flüchtete zum Christ in ihren Nöthen;
Seht her! – hier kniet sie ... toll wart ihr und blind,
Sieht sie nicht aus wie Gottes Lieblingskind?«

Da wichen nach und nach die Unheilvollen,
Doch langsam unter dumpfem Grollen,
Und Klaus, der drohte ihm und sprach:
»Dich zieht die Hexe auch in's Unglück nach!
Die Zeit ist noch nicht da, um mich zu rächen,
Dann wird wohl Keiner mehr das Wort ihr sprechen!«

Die Nonnen priesen hoch Sever, der ihnen
Ein Bote Gottes heut erschienen, –
Simplizitas allein, das schöne Haupt geneigt,
Steht still dabei und schweigt.
Wie einen Schatten sah man liegen
Auf ihren sonst so hellen Zügen.
Sie ließ sich ohne Antwort deshalb rügen;
Und plötzlich war sie scheu verschwunden.
Am Pförtchen hat er sie gefunden,
Den Blick gesenkt, als ob sie sich noch scheute,
In Händen hielt sie eine Blume.
Sie sprach: »Die geb ich dir für heute,
Zum Danke dir, zum Siegesruhme,
Doch niemals sollst du wiederkommen,
Es würde deinem Glück nicht frommen,
Dasselbe Ende würd es nehmen,
Mit Sterben und mit Grämen;
Ich hab es jetzt genug gesehn.

Laß mich nur meiner Wege gehn,
Des Lebens will ich mich erfreun,
Und gleich dem Vogel in dem Hain
So frei und auch so fröhlich sein. –«
Und eilig schloß sie mit dem letzten Worte
Schnell hinter ihm die Klosterpforte.

Da flammten zornig auf des Jünglings Wangen,
Kann er nicht bessern Dank empfangen?
Durch ihn allein ist sie dem Tod entgangen.
Hat er den trotz'gen Geist denn nicht bezwungen,
Als er am Thurm Gehorsam sich errungen? –

Heißblütig war Sever von Kindheit an,
Wie oft hat er im Zorn sich selber weh gethan,
Und jeder Wunsch glich dem Befehle,
Dem Widerstand erhob sich seine Seele.
Verletzt und düster strich er durch das Feld,
Sein schien ihm sonst die ganze Welt,
Und bitter denkt er jener kleinen Thür
Geschlossen hier.

Auf hohem Berge stand sein altes Schloß,
Ein stolzes Haus, Sever ein stolzer Sproß,
Und froh des Anspruchs sich bewußt,
Den er dem Leben stellen konnte
In Uebermuth und Jugendlust; –
Ein Aar, der sich auf Wolken sonnte.

Zwei Brüder lebten dort, zwei edle Bäume,
Die nahestehend, füllend hohe Räume,
Mit ihren festverschlungnen Zweigen
Sich ineinander neigen. –
Doch die das Herz so nah gerückt,
Nicht von derselben Mutter waren sie geboren,
Denn ach! der Jüngste hatte sie verloren,
Noch eh sie liebevoll entzückt
Den Kleinen an die Brust gedrückt;
Und still und freudlos wuchs er auf. –
Der Vater lebte, doch so traurig,
Dem kleinen Herzen wird ganz schaurig
Nimmt er das Kind zu sich herauf.
Dann starb auch er. –
Und tiefer ward die Dunkelheit umher. –

Da kam, es zählt der Kleine kaum vier Jahr,
Licht in sein Leben, liebewarm und klar –
Armin kam heim von seinen weiten Reisen. –
O welche Wunder wußte der zu weisen!
Wie freundlich auf den Knien ihn zu wiegen,
Die böse Laune liebreich zu besiegen –
Und wie er sorgt, und wie er hold erzählt,
Hat er das Kind sich ganz gewonnen;
Es neu belebt, es neu beseelt. –
Es weicht nicht mehr von seiner Seiten,
Und glücklich fängt sich's an zu sonnen
An jener Zeit der Seeligkeiten,

Wo wir, der Wirklichkeit entzogen,
Zu Brücken nehmen Regenbogen, –
Und Mährchen nur als Wahrheit kennen. –
Wenn wir das später Kinderglauben nennen
Und lächelnd seiner Einfalt denken,
Der Glaube hat uns nicht gelogen,
Er hat uns um die Welt betrogen,
Um seinen Himmel uns zu schenken.

Das Schloß, der Wald, die vollen Weiden
Wird einst Sever sein eigen nennen;
Denn reiche Güter hat ihm durch ihr Scheiden
Die arme Mutter lassen können. –
Armin verwaltet klug die Schätze des Verwaisten,
Und sinnet spät und früh, ihm Dienst auf Dienst zu
leisten,
Für ihn nur hofft er, wünscht er noch im Leben;
Sever es geben, hieß es doppelt geben –
Es braucht ein Mensch in seinem eigenen Geschick
Nicht zu erleben volles Glück;
Doch einmal muß er es erblicken,
In einem muß es ihm das Herz erquicken,
Daß sich des Lebens ganze Fülle
Vor ihm enthülle.

Die Leute nannten sie den Jungen und den Alten,
Sie zählen nicht nach Jahren, nur nach Falten,
Und wie Armin in väterlichem Mühen
Sever zum Jüngling sieht erblühen,
Erscheint er sich und andern ernst und alt;
Ein Schatten neben dieser Lichtgestalt,
Die Dornen sein, wo jener Rosen bricht.
Doch das Gefühl, das Beide eng verbindet,
Ragt weit hinüber über Recht und Pflicht,
Bis jeder Glück allein im Glück des Andern findet.

Der Sommer kam nach jenem Herbstesmond,
In dem Simplizitas, des jungen Edlen wegen,
Vom wilden Schwarme ward verschont.

Der Stolze that, als sei ihm nichts gelegen
An ihr, an der verschloßnen Thüre;
Doch war's, als ob sein Weg ihn allzeit führe
Zu jener engen kleinen Pforte.
Im Geiste hört er ihre Worte –
Er schilt mit ihr – er nennt sie undankbar,
Doch lächelnd folgt ihm, wo er war,
Ihr wunderbares Augenpaar. –

Oft kann er lange Stunden stehn,
In Hoffnung sie zu sehn. –
Und oftmals sah er sie, doch jedes Mal
War's seiner Seele wie ein Strahl,
Der ein geheimes Feuer nährte,
Das ihn verzehrte;
Er nennt es lieben nicht, er nennt es hassen,
Und kann es selber nicht recht fassen,
Doch von Simplizitas kann er nicht lassen.

In Gluth war heut der Tag getränkt,
Die Blumen lechzen halb versengt
Nach einem Tröpfchen, das sie sprengt.
Simplizitas saß heiter wie die Luft
Im Klostergärtchen, voll von Blumenduft;
Ihr Schooß gefüllt mit würz'gem Kraut,
Das, von den Nonnen angebaut,
Gesammelt wurde für die Kranken. –
Sie bindet Sträußchen, murmelnd in Gedanken
Die heil'gen Sprüche, die ihr gestern
Gelehrt die Schwestern.
Und neben ihr der schwarze Staar,
Der ihren Namen gar so gut behalten,
Er blieb bei ihr, denn seine Reden galten
Nur ihr allein, das war doch klar.
Die Nonnen liebten sie; – wer liebte nicht
Ein frommes Kinderangesicht,
Und holder Unschuld heilig Wesen;
Den Grund der Seele glaubtet ihr zu lesen,

Und doch sah keiner wie in ihren Tiefen
Noch Gottes Engel schliefen.

Vergnügt und munter schaute sie umher,
Doch plötzlich senkte sie den Blick, den frohen,
Am liebsten wär sie schnell entflohen –
Vor ihren Augen stand Sever. –

Verdüstert stand er da, umschwärmt von Schmetterlin-
gen,
Umblüht von Blumen, die ihn eng umringen.
Sein dunkles Haar, im Licht der Sonne helle,
Gezeichnet mit dem Glanz der Locken krause Welle;
Und seiner Blicke Liebesfeuer,
Aufleuchtend unter schatt'gen Brauen,
Bald jählings wie ein Blitz, ein scheuer,
Bald lieblich wie im März die Auen. –

Doch rasch und herbe fing er an:
»Simplizitas, was hab ich dir gethan?
Warum verbirgst du dich vor mir?
Wie viele Tage sucht ich hier
Vergebens einen Blick von dir.
Ja hassen lernt ich dich und war verwandelt,
Du bist die Erste, die mich rauh behandelt.«
Da blickt sie lächelnd auf und spricht:

»Nun haß mich nur! das schadet nicht!
Denn nur die Liebe macht ja sterben.
Du wirst mit Hassen keine Seel verderben.
Komm setz dich her! ist keiner auf der Welt,
Dem Gottes Erde fröhlich wohlgefällt?
Wie lieblich lebt's und webt's hier ringsumher,
Und trägt an Honig eine Blume schwer,
Gleich kommt ein Bienchen, trinkt sie leer.
So tauschet Eines mit dem Andern Wonne,
Und alle überstrahlt die reiche Sonne.
Laß ab von mir Sever!
Dein finstrer Geist gewinnt mich nimmermehr.«

Verdrossen sprach er, halb von ihr gewandt:
»Du hast ihn erst in Finsterniß gebannt,
Froh war ich, eh ich dich gekannt.
Du bist mir wie ein Schmerz, der nimmer mich verläßt,
Mit ungeahntem Weh mein Herz zusammenpreßt.«

Sie schüttelte ihr schönes Haupt –
»Wie hätt ich dir die Lust geraubt?
Bin ich doch selbst so reich an Scherz
Und reich an Fröhlichkeit mein Herz.«
Doch düster wandte ihr der Jüngling ein:
»Du sprichst und lachst im Sonnenschein,
Als lebtest du für dich allein.«

»So leb ich auch!« begann sie heiter,
Doch nicht ein Wörtchen sagt sie weiter,
Denn wild erfaßt er ihre Hand
Wie jener damals, wie ein eisern Band.
Der Tag am Bach, im letzten Sonnenlicht
Wird ihrer Seele wieder helle,
Ihr dünkt es sei dieselbe Stelle.
»Nein!« flüstert sie, »du haßt mich nicht.«

»Ich liebe dich!« so fing er an –
Sie aber läßt die Worte nicht heran,
Und scheint verstört und wehrt ihn ab;
»Sag nicht du liebst! das klingt wie Tod und Grab,
Schon jetzt hat sich dein Blick getrübt, verhüllt,
Du siehst die Wonne nicht, die rings die Erde füllt –
Wie Knosp' an Knospe aus der Tiefe quillt,
Sich labend an der Sonne Schein;
Laß mich allein!
Kannst du nicht mit mir fröhlich sein!«

Da blitzte Zorn auf seinen edlen Brauen.
»Die Freude, die du meinst, sie macht mir Grauen,
Es ist kein Herz darinnen
Zu lieben und gewinnen.«

So ging er fort … sie sah ihm nach zerstreut
Und band die grünen Kräuter fest zusammen;
Sie duften lieblich vor der Sonne Flammen,
Verdorrend durch die heiße Zeit.
Die trunknen Bienen taumeln durch den Raum,
Berührend jeder Blume Saum,
Und alles Leben Kuß um Kuß
Gilt eigensüchtig dem Genuß.

Es hängt die Frucht, die goldene am Zweige,
Daß sie den Weg zu neuem Leben zeige.
Im kleinen Keime liegt er eng verschlossen,
Gleich Thränen ist der Regen d'rauf geflossen;
Wie viele müssen wieder fließen,
Bis neue Keime, hoffnungsreiche sprießen.

Am Kloster hing an sonndurchglühten Mauern
Der Trauben überreiche Fülle.
Simplizitas greift nach der Frucht, der reifen,
Die summend und verlockt die Bienenschwärme strei-
fen,
Doch an dem Zweige, den sie achtlos brach,
Da quellen langsam nach und nach
Zwei helle Tropfen Saft wie Thränen,
Sie lächelt, »könnte man doch wähnen,
Daß selbst die Bäume weinen müßten;«
Doch plötzlich steht sie still und horcht –
»Wo ist der Staar? – er ruft nicht mehr –«
Sie sucht ihn eifrig und besorgt,
Sein Platz, sein Häuschen – alles leer.
Ihr Liebling war's, ihr Spielgefährte,
Der froh die Lieder pfiff, die sie ihm lehrte –
Wo war er hin? zum Wald – der Unbedacht!
Die Eule frißt ihn über Nacht.
Sie muß ihm nach, ihr ist's, als rief er dort.
Und wie sie's denkt, so ist sie fort.

Im Wald ist's still – – doch nicht gar lange,
Da hört sie zwischen allerlei Gesange
Ganz deutlich ihren Staaren rufen.
Sie jauchzt! – erklimmt die moosbedeckten Stufen,
Doch nirgends war der Vogel zu entdecken. –
So zieht sein Rufen sie mit Necken

Zum Wald hinein, bis sie von Klüften,
Umgeben wie in engen Grüften,
Nicht aus noch ein mehr weiß.

Nun wird ihr angst und heiß.
Ihr stockt das Blut – – sie wagt nicht mehr zu suchen.
Doch neben ihr, aus dem Gestrüpp der Buchen,
Da flattert auf sie zu ihr armer Staar,
Er birgt sich angstvoll, fliehend die Gefahr,
In ihres weißen Kleides Falten.
Am Faden wird er festgehalten,
Und hinter ihm steht Klaus und lacht
Und spricht: »das hab ich gut gemacht,
Denn bist du falsch auch wie die Schlangen,
Klug bist du nicht, du bist in's Netz gegangen,
Daß es ein Spaß war dich zu fangen.
Jetzt komm! jetzt sollst du Elend schmecken!
Bezahlen jene Nacht voll Schrecken;
Im tiefen Walde werd ich dich verstecken.«

Sie sieht ihn an, mit Blicken ohne Leben
Und zittert wie die Espen beben.
Er schleift sie mitleidlos durch Dorngehege,
Durch Steingeröll, durch bitterböse Wege
Bis dicht zum Abgrund, wo mit Schäumen
Sich wilde Wasser tosend bäumen,
»Hinab mit dir, du Hexe du,
Dem Teufel schicke ich dich zu!«

Sie klammert angstvoll sich an Wurzeln und Gestrüp-
pe,
Sie fleht mit bleicher, furchtbewegter Lippe
Nur um ihr Leben ... : alles nur nicht sterben!
Denn sterben heißt bei ihr verderben.
»Die Finger«, ruft sie, »will ich blutig spinnen!
Will Tag und Nacht auf euren Vortheil sinnen,
Euch Dienste leisten, Brod gewinnen,
Ach laß mich leben! sagen doch die Nonnen,
Einfältig sei ich, doch nicht bös gesonnen,

So alt ich wär, ich wüßte noch bis heute
Nicht was die Sünde, nicht was Schuld bedeute!
Für Solche gäb es kein Gericht.«

Der Bursche höhnt: »das glaub ich nicht!
Gefährlich bist du wie ein giftig Kraut,
Das Mancher, der's nicht kennt im Garten baut,
Weil Schönheit aus den bunten Blüthen schaut.«
Und wieder faßt er sie, um sie hinabzudrängen.
Da tritt aus den verworrnen Laubgehängen
Die Müllerin hervor und hält ihn auf.

»Welch unnütze Gefahr beschwörst du Sohn herauf,
Wenn man sie fände hier in diesem Loch,
Die Hexe rächte sich im Tode noch.
Auf deine Fersen hetzte sie der Häscher Schaaren.
Nein! leben soll sie! soll gewahren,
Daß leben schlimmer oft, als in die Grube fahren!«

Da sprach der Bursch: »So nimm die Natter hin,
Ich weiß, daß ich bei dir ganz sicher bin.
Nicht weit von hier, am Runenstein,
Da schließen wir die schöne Hexe ein.«
Zur feuchten Kammer, dumpfig, sonnenlos,
Vom Schwamm zerfressen und bedeckt mit Moos,
Stößt er die Arme hart und roh hinab.
Die Jungfrau überläuft's, als ging es in ihr Grab.
»Hier wagt sich Keiner her!« ruft er mit Lachen,
»Und böse Geister sollen dich bewachen,
Des Abends kriechen aus den Nestern
Die Schlangen, deine bösen Schwestern,
An Brod und Wasser soll es dir nicht fehlen,
Damit du lang genug dich mögest quälen! –«

Verlassen war der Wald, schwarz lag er da,
Als noch zum letzten Mal die Sonne nach ihm sah.
Schon bricht der Abend an, auf den die Schatten lauern.
Ein Vögelchen sitzt auf dem Ast mit Trauern.
Da fährt ein Strahl ihm über das Gefieder,

Es schüttelt sich – es dehnt die kleinen Glieder;
Wirft ab der Dämmrung kaltes Schauern,
Entfaltet schnell die leichten Schwingen.
»Simplizitas«, hört man erklingen,
Bald nah, bald fern,
Als flög es auf zum lichten Abendstern.

Im Garten ging Armin, den Kopf gesenkt,
Wie Einer der an Schweres denkt.
Er dachte an Sever, denn schon seit lange
Ist ihm um seinen Liebling bange.
Sonst, wenn er traurig war,
Kam er zu ihm ... doch jetzt scheint ihn zu trennen
Sein Kummer, und der Liebe droht Gefahr.
So ging er auf und ab, den Buchenweg entlang
Bis durch die hochgewölbten Bogen
Der Dämmrung graue Schleier zogen,
Die keine Sonne mehr durchdrang.

Da trat ein Weib an ihn heran,
Bleich, abgezehrt und sprach ihn an.
»Kennt ihr mich nicht? ich bin die Barbara,
Der dort am Wald die reiche Mühle stand,
Für Arme hat' ich immer offne Hand
Und glücklich pries mich, wer mich sah.
Da war ich's auch, ich hatte ja,
Was nur das Herz erdenken kann.
Verbrannt ist nun die Mühle, todt der Mann. –«

»Schuld warst du selbst«, erwiderte Armin.
»Du drängtest ihn
Zum Wein mit deinem bösen Sinn.«

»Ich war's?! die Hexe war's! Simplizitas genannt,
Sie war's, die mir mein Haus entweihte,
Nach jahrelangem Frieden uns entzweite.
Der jetzt sie liebt, ist euch verwandt!
Verzaubert hat sie ihn! – sich ihm in's Herz gebrannt!
Ich warne euch, gebt auf den Bruder Acht!
Sever steht ganz in ihrer bösen Macht.«
Er wies die Hand hinweg, die ihn im Eifer faßte.

»Von meinem Bruder«, sprach er, »schweigt,
Geheime Warnung war mir stets verhaßte!«

Sie hob das Haupt, wild, ungebeugt.
»So jagt ihn denn in seinen Tod,
Ich helfe mir schon selbst in meiner Noth,
Der Gott der Waisen wird die Sache schlichten,
Und zwischen mir und dieser Hexe richten!«

Besorgt und trübe ging Armin nach Haus.
Es schlich sich Stern an Stern heraus;
Und eine Fluth von Mondenschein,
Die wogte auf und ab im Hain.

Er fand Sever am Schloß, im Buchengang
Verstimmt und liebeskrank.
Simplizitas ist fort! vom Kloster aus
Sucht man die Gegend ab, schickt hier und dort hinaus,
Verloren bleibt sie, bleibt verschwunden,
Gleich räthselhaft, wie sie sich einst gefunden.
Die Leute aus dem Dorf, die schüttelten ihr Haupt.
»s'ist eine Hexe, wie wir stets geglaubt –
Im Klosterweihrauch wird ihr auf die Länge
Doch wohl zu enge.«
Voll Grimm erfährt Sever die Kunde. –
Er schilt sie Thoren, doch zur Stunde
Macht keiner mit ihm durch den Wald die Runde.
Da kam Armin, und wie der lang Verbannte,
Der endlich, da ihn Heimathsluft umweht,
Es fühlt, wie ihm das Herz aufgeht,
So strömt sein Leid hervor, das heut ihn übermannte.
Der Liebe Mährchen hat Armin gehört.
Ein Mährchen, oft von uns erdacht,
Von Einem fortgeweint, vom Andern fortgelacht.
Doch wehe dem, der seinen Zauber stört,
Er wird die Wunderkraft nicht brechen,
Die Herzen eh, die gläubig davon sprechen.
Das fühlt Armin, hat er auch nie
Erfahren solche liebliche Magie,

Doch Alles wissen, die sich selbst vergessen,
Und alle Tiefen haben sie durchmessen
Vom bittren Schmerz zur höchsten Lust,
Im Mitgefühl der treuen Brust.

»Sie nennen Zauber«, sprach Sever,
»Ihr anmuthvolles, lieblich scheues Wesen,
Das Auge tief und leuchtend wie das Meer,
Das Haar von goldner Fülle schwer,
Zu Liebesfesseln wie erlesen, –
Sie haben recht, von Zaubermächten
Ist meine Seele wie gefangen;
Ich weiß nichts mehr von Adelsrechten,
Von Sitten, die die Hohen knechten;
Nur eins – Simplizitas erlangen –
Von ihr allein will ich noch Gunst empfangen.« –

Sobald des Morgens bleicher Schimmer
Am Horizont erscheint, tritt aus dem Zimmer
Sever, denn schlafen kann er nimmer,
Er sucht den Wald – der Jagd bewegtes Treiben;
Nur unter freiem Himmel mag er bleiben.
Er hetzt den Hirsch, doch ob zusammenbricht
Das Wild, die Lust des Sieges fand er nicht.
Er trennt sich von den Jagdgesellen,
Sucht traurig einsam düstre Stellen
Und ruft in heißer Sehnsucht immer wieder –
Simplizitas! – Da tönt auf ihn hernieder
Vom Zweige heut dasselbe Wort, –
Und einen Staaren sieht er dort,
Die Federn struppig und der Schnabel blaß,
Doch immer ruft er noch »Simplizitas!«
Er flattert zu ihm hin, er kennt ihn auch,
Scheint ihn zu locken durch Gebüsch und Strauch.
Bald hüpft er vor ihm her – – fliegt dann ein Stück,
Sieht wartend klug nach ihm zurück.
Im Felsgeklüft – am Runenstein
Da hält er still, hebt kläglich an zu schrein;
Pickt an die Thür, als wollte er hinein,

Doch festverschlossen läßt sie Niemand ein.
Allein Sever, ein Held an Kraft,
Zwingt Riegel, Stein und sprengt die Haft –

Da saß Simplizitas und spann,
Sie blickt nicht auf, sieht ihn nicht an.
Die goldnen Haare hangen
Wie welk um ihre Wangen.
Erst schreit sie auf, als er sie nennt,
Dann aber scheint ihr Wonne seine Näh.
Ihr Retter ist's! ist Einer, den sie kennt –
Sie flüchtet zu ihm hin, ein hülflos Reh,
Gehetzt, gejagt, in Todesweh –

»Ach hilf mir! rette noch ein Mal
Mich armes Kind aus Noth und Qual!
Ich kann nicht leben hier in diesem Trauern,
Wo Finsterniß und Grauen auf mich lauern,
Wo keiner freundlich zu mir spricht,
Kein Angesicht, kein Himmelslicht,
Von Thränen ist mein Auge immer naß,
Ach schlimmer als die Liebe ist der Haß!«

Da nimmt er sie, die Langersehnte,
An seine Brust mit Wonneschauern,
Küßt ihr das Antlitz, das bethränte,
Und trägt sie froh zum Licht aus dumpfen Kerkermau-
ern.

So fanden ihn die Jagdgefährten,
Die jetzt zu ihm zurückgekehrten;
Sie waren Seinethalb in Aengsten
Von allen aber war am Bängsten,
Der Bruder, und er sah die Beiden
Und dachte nicht daran, sie noch zu scheiden.
Die Freunde standen, Wunder in den Mienen,
Ein Räthsel scheint die Jungfrau ihnen,
Doch wie die Reden schwanken, irren,
Sich lösen oder sich verwirren,

In Einem sind sie einer Meinung,
Dies sei die lieblichste Erscheinung,
Die je in irdischen Gewanden
Vor ihrem Blick gestanden.

Doch von dem wartenden Gesinde
Wird lachend, unbarmherzig, rauh,
Wie man die Füchse fängt im Bau,
Ein krankes Weib mit ihrem Kinde,
Ein junger Bursch hervorgezogen –
Er mißt sie trotzig und verwogen
Und spricht: »Ihr habt euch nicht betrogen!
Ich bin's! ich habe sie gefangen,
Gelüstet euch nach solchen Schlangen,
So mögt ihr sie erlangen. –«
Und drohend rief das Weib hinein:
»Laßt ihn die Hexe immer frei'n,
Denn nicht gar lange wird es sein,
Bis sie dem Thor das Herz zerbricht.
Sie trägt in ihrer Augen Licht
Ein schleichend Gift, das tödtlich sticht.
Fluch über sie und alle die ihr nahn!
Fluch allen Häusern, die sie froh empfahn.«

Da schloß der Jüngling um Simplizitas
Den starken Arm, vor Zorn und Liebe blaß;
Sie aber barg wie Kinder, die sich grauen,
Zufrieden, wenn sie nur das Schreckliche nicht schau-
en,
An seiner Brust ganz dicht
Ihr holdes Angesicht.
Froh rief Sever: »Du bist mein eigen!
Der ganzen Welt will ich beseeligt zeigen,
Daß du der Heiligsten, der Reinsten Eine
Und keine Liebe glücklicher als meine.«

Da tritt die Frau ganz dicht den Bruder an
Und spricht: »Jetzt rette ihn, bist du ein Mann!
Gewiß es ist um ihn gethan,

Läßt du die Hexe erst sich nahn. –«
Der aber wies sie fort mit Widerwillen
Und sprach: »Ich sah dein Herz sich mir enthüllen,
Und Haß und Rache sah ich es erfüllen,
Aus solchen läßt kein Glück sich bauen,
Da will ich lieber seiner Liebe trauen.«

»Laßt gehn die Frau und auch das Kind,
Sie schaden keinem, elend wie sie sind,
Befahl Sever – doch diesem Burschen will ich lehren,
Die Freiheit ehren.
In Haft soll er von Jahr zu Jahren
Das Elend der Gefangenschaft erfahren.«

Sie fesseln ihn – er ringt mit wilder Wuth
Um seine Freiheit, um sein letztes Gut –
Und jammernd wirft die Mutter sich dazwischen,
Umsonst! – sie sieht den Sohn, den Frischen,
Der ihre Stütze war, hinweggerissen.
Ihr elend Brod wird sie erbetteln müssen –
Zusammen sinkt sie und des Fluches Wort
Stirbt von den bleichen Lippen fort.

Die Kirchenglocken rufen laut;
Weit über Land geht ihre Reise,
Sie wecken rings umher im Kreise
Die Herzen auf für eine junge Braut.

Inmitten ihrer Nonnen stand Simplizitas
Und wer in ihren holden Augen las,
Der las darinnen Kinderfreude.
Lichtglänzend stand sie da im reichen Kleide,
Wie eine Fürstin großer Länder,
Sie trägt als Recht die goldenen Gewänder.
Es blitzt das köstliche Geschmeide
An ihrem Hals, an ihrer Hand,
Auf lichtem Grund ein lichtes Band.
Voll kindlichem Entzücken läßt sie's blinken,
Und laßt die königlichen Steine
Aus dem verwandten Sonnenscheine
Ein immer neues Leuchten trinken.
Sie lacht! sie jauchzt! und kann es nicht begreifen,
Daß sich die Nonnen nicht an ihren Schleifen,
An ihrem Schmuck wie sie entzücken,
Daß Fides gar mit nassen Blicken
Den Kranz ihr auf die Stirn gedrückt.
Den grünen Kranz, den manche so entzückt
Begrüßt, als wär er schon das Glück.
Verwelkt, verdorrt bleibt er zurück,
Nur wo die Seelen sich vereinen,
Da lebt er fort;
Wenn grüne Myrthe längst verdorrt,
Daß sie ihn frisch zu tragen meinen,
Mag Haar und Kranz auch silbern scheinen.

Doch jubelnd steht hier an der Jungfrau Grenze
Das frohe Kind, als wär's am Ziel

Und meint, es blieben ewig grün die Kränze,
Und nimmt den seinen wie im Spiel,
Wie man die Rose pflückt am Stiel;
Ob bald sie welkt, das gilt gleich viel,
Wenn sie uns nur noch heute
Mit ihrem holden Duft erfreute.

Ein großes Fest war auf dem Schloß bereitet,
Des Reichthums Fülle glänzend ausgebreitet.
Es strömten Gäste zu von allen Seiten,
Die Braut zur Kirche zu geleiten; –
Doch ob auch an die Tausend kamen,
Mit großen, adlig hohen Namen,
Nie war dem Liebenden die Fülle groß genug,
Die seines Glückes Farben trug.
Den Hochgebornen will es schlecht bedünken,
Sich seine Braut so tief zu wählen.
Sie fangen an zu schelten und zu schmälen
In leisen, halbverhüllten Winken;
Doch wo der Schönheit Banner sich entfalten,
Da gilt kein Wappen, sei's auch von den alten.
In alle Kreise weiß sie sich zu schleichen,
Sie fürchtet nicht gelehrte Zeichen,
Nicht Goldes Glanz, nicht edle Kunst,
Denn alles wirbt um ihre Gunst.

So gingen mährchenhafte Festgelage
Simplizitas, dem Kind vorüber.
Sie tanzte Nächte durch und Tage,
Als sei das Leben ein Vergnügungsfieber.
Von ihrem Zauber ganz berückt,
Folgt ihr des Schlosses Herr entzückt.
Schmückt selbst sie aus und lacht der Hast,
Mit der sie durstig, ohne Rast,
Wie Bienen, die im Honigkelche liegen,
Die Schmeicheleien sog, womit in vollen Zügen
Bewundrung ihre Schönheit tränkte.
Berauschend war der Trank, gefährlich die ihn schenk-
te.

Das waren helle, glanzerfüllte Zeiten!
In tiefer Nacht sah man die Fenster strahlen
Und hörte Tanzmusik vorübergleiten,
Der Gäste Ruf, bei schäumenden Pokalen.

Doch unter diesen Fenstern lag im Grau'n der Nächte,
Mit ihrem jammervollen Elend im Gefechte,
Die kranke Müllerin bei ihrem Kinde;
Sie sucht es zitternd zu erwärmen,
Allein ihr Herz sogar deckt eis'ge Rinde.
Und droben jubeln sie und lärmen!
Da wächst ihr Groll mit ihrer Noth zugleich,
Verarmt an allem, nur an Hasse reich –
Er rühmt sich seiner wilden Größe,
Der Lumpen und des Mangels Blöße –

Fühlst du es nicht, Simplizitas?
Dort liegt der Jammer todtenblaß,
Thu auf die Thür, laß ihn herein!
Erwärme ihn mit deinem Schein;
Wie magst du nur so fröhlich sein!
Fühlst du denn nie die fremde Pein?
Ist Alles Trug, die strahlenden Gesichter
Nur Widerschein der tausend Lichter?
Ist keiner, der mit frommem Herzen,
Noch leuchtender als all die Kerzen,
Die Nacht erhelle, wo in Schmerzen
Des Glücks Verlassene verzweifelnd liegen?
Hat keiner Lust, den Jammer zu besiegen?

Schwer dringt zum Fröhlichen die Klage,
Schwer dringt des Hungers Schrei zum üppigen Gela-
ge!

Und murrend sahen es die Knechte,
Sie zürnen jenem adligen Geschlechte,
Das ohne Mitleid von des Schlosses Höhen
Kaum noch die Brüder kennen will und sehen,
Die an der Straße elend untergehen.

Mitleidig nahm die Kranke dann und wann
Der Eine und der Andre in die Kammer.
Barmherzig ist der Arme, nah dem Jammer,
Der leicht ihn auch erreichen kann.

Sie hörten oft die Frau erzählen,
Simplizitas bethöre schwacher Menschen Seelen.
Ein Grau'n erfaßt sie vor der Zauberin.
Noch sprechen sie die Drohung für sich hin,
Doch lauter, immer lauter wird sie werden
Und Thaten dann aus Mienen und Geberden.

Sie aber lebte froh, wie junges Licht,
Das spielend Nacht und Finsterniß durchbricht.

Voll Ungemach war heut die Welt,
Kein Haus schien fest genug bestellt,
Der Frost, der Regen drang hinein,
Nur unberührt, ein Fels von Stein,
Steht dort das Schloß allein.
Hier duftet in krystallner Schaale
Trotz Winterschnee ein Blüthenflor im Saale;
In falschen Gluthen aufgezogen
Blüht hier die Rose, um den Lenz betrogen. –
Bemüht das Eis des Winters zu verstecken,
Rauscht lebensfroh der Springquell in sein Becken;
Und fremde Vögel dürfen träumen
Von ihrer Heimath unter Palmenbäumen.

Es war schon spät und wieder war die Nacht
Zum Morgen heut herangemacht. –
Die letzten Gäste sind geschieden.
Armin blieb zögernd noch im Saale stehn,
Er frug: »Hast du Sever gesehn?«
Sie lächelte, »den suchst du hier?
Und weißt, er kann den Tanz nicht leiden –
Du bist in meinem Lustrevier!«

»Wie traurig!« rief er, »trennt ihn das von dir?«
Sie nickte. »Nie gelang uns Beiden
Der Tanz, er kann den Takt nicht unterscheiden
Und wurde bös, begann ich dann zu lächeln.
Wie würd' er hier die heiße Stirne fächeln,
Als wäre Arbeit unser Fest. –
Ihn wird kein holdes Lied erwärmen,
Musik bleibt ihm ein nutzlos Lärmen,
Das klugem Worte keine Stelle läßt.«

»Doch früher war es anders«, sprach Armin,
»Ihr lebtet ja wie Blüthen einer Sonne
Von einer Luft, von einer Wonne.«

»Doch war's die rechte nicht für ihn,
Begann sie scheu, mir ahnt' es bald,
Als er zum ersten Mal mich schalt;
Er duldet nur aus Güte mein Vergnügen,
Wie man dem Kinde, das man ungern kränkt,
Im Lieblingsspiele Nachsicht schenkt,
Denn meine Sonne kann ihm nie genügen.
Und weil ich weiß, es wird ihm schwer,
So lieb ich ihn nur deshalb desto mehr.
Komm mit, wir suchen ihn, mit einem Kuß
Dank ich ihm dann des Tages lieblichen Genuß.«

Sie eilte durch die glanzerfüllten Zimmer,
Sein Auge folgte ihres Kleides Schimmer.
Er sah sie den Geliebten finden
Und sah den Kuß die Beiden eng verbinden.

Da ging er fort, zufrieden und erfreut –
Er sah, sie liebten sich noch heut.

Sie saßen in dem Laubgebüsch von Myrthen,
Wo Rosen- und Jasminduft sich verwirrten.
Er küßte sie und sprach zu ihr:
»Simplizitas, gehörst du mir?«

Sie legte dicht ihr Haupt an seine Wange
Und flüsterte mit schmeichelnd süßem Klange:
»Dir ganz allein, wie sollt ich nicht?«

Er sprach: »und doch dein Angesicht
Sieht jeder Andre mehr als ich.«

Sie lächelte, »Das trifft nur dich,
Was lebst du einsam wie die Eule,
Du weißt wie gern ich Freuden mit dir theile –«

Er sah sie düster an und sprach:
»Ich kann dem Schmetterling nicht nach.«
Sie frug: »und willst du ihn verklagen,
Weil er die Sonne sucht in seinen jungen Tagen?«

Er sprach: »Der Eine muß Entbehrung tragen
Und sich des Lebens Schmuck versagen; –
Doch wenn sich unsre Wege scheiden, –
Wer soll des Andern halber leiden.«
Sie zweifelt, ob die Rede ihr gegolten,
So rauh hat er mit ihr noch nie gescholten.

Er aber schloß die Arme um sie her.
»Simplizitas! ich trage es nicht mehr,
Verfinstert ist mir Alles, liebeleer;
Ich kann nicht leben nah und doch getrennt
In dieser Sehnsucht, die mein Herz verbrennt. –
Versuche nur ein einzig Mal,
Ob was mir Freude ist, dir wäre Qual.«
Und feurig fing er an ein edles Leben,
Wo Geist und Herz vereint zum Himmel streben,
Vor ihrer Seele zu entfalten.

Allein! – zum Fliegen fehlen ihr die Schwingen,
Sie sucht umsonst ihm nachzudringen
Und auf der Höhe sich zu halten.

Er merkt es wohl und läßt sie los; –
Da wirft sie sich in seinen Schooß
Und spricht: »Was hast du für Gewinn,
Wenn ich nicht mehr so lustig bin?
Verlieren würd ich meine Wonne,
Und unerreichbar wie die Sonne
Bleibt deine mir. Du fühlst es auch,
O laß mir meinen Frühlingshauch!
Sonst wollt ihr Männer doch allein
Ganz gern die Klugen sein.«

Sie sah so lieblich aus, so demuthsvoll,
Daß ihm das Herz von neuer Liebe schwoll,
Besitzen muß er sie ... ist sie denn nicht sein eigen?
Den rechten Pfad nur will er ihr ja zeigen.

Er sprach: »Befehlen könnt ich, aber laß mich flehn;
Ein Weilchen sollst du meine Wege gehn.
Du schenkst, von keinem Feste unterbrochen,
Mir deine Zeit auf wenig Wochen.
Nie hab ich einen Tag genossen,
Von ferne stand ich einsam und verdrossen.
Du läßt die Gäste gehn, die hier dein Treiben hält,
Vier Wochen bin ich deine ganze Welt.
Nach jener Zeit will ich dich nie beschränken;
Und lernst du nicht auf meine Weise denken,
So magst du mit den Spielereien
Auf immer dann dein kindisch Herz erfreuen.«

Es dunkelte – er sah ihr Antlitz kaum,
Vom Rosen- und Orangenbaum
Durchzog ein schwüler Duft das Zimmer.
Sie aber schwieg – verstummt noch immer –

Da stand er auf und ließ sie stehn.
Sie hört den schweren Schritt ob ihren Häupten gehn,
Er geht und geht und findet keine Rast –
Da schwillt ihr leichtes Herz zur Last.
Und endlich bricht sie von dem dorn'gen Ast
Die Rose ab und geht ihm nach.

Sanft öffnet sie Sever's Gemach –
Es war so still und stumm darin,
Kalt – dunkel – erst im letzten Eckchen fand sie ihn,
Das Angesicht vergraben in den Händen.
Sie sucht sein Haupt sich zuzuwenden
Und spricht: »Hier kommt dein Eigensinn,
Gestrenger Herr, ganz reuemüthig
Und bittet dich, sei wieder gütig,
Ich will ja thun, wie du befohlen;

Will kaum noch lächeln – – nur verstohlen,
Die alten Bücher will ich mit dir lesen,
Damit ich seh, wie dumm ich einst gewesen,
Mit dir allein, an keinen Andren denkend,
Dir meine ganze Seele schenkend. –
Zum Pfande bring ich dir die Rose,
Die arme lächelnde, die lose.
Die eigentlich nur lebt im Thau
Vom Vogelsang, vom Himmelsblau; –
Hier nimm sie hin, sei wieder gut
Und laß sie träumen, wenn sie bei dir ruht,
Vom Sonnenschein – vom frohen Schwarme,
Der sie umgab in goldner Strahlenfluth. –«

Da schloß er sie voll Liebesgluth
So feurig in die festen Arme,
Daß sie erschrocken wiederum erkannte
Die wilde Kraft, die sich die Liebe nannte.
Entblättert sank die Rose ihr zu Füßen,
Er fragte nicht nach ihr, der süßen.
Sie aber sah sie welken, bleichen
Und fing sich an der Blume zu vergleichen.
Der Mond beleuchtete ein heiliges Versprechen;
Er ließ es tausendmal sich wiedersagen
Und sprach: »Wirst du das Wort mir brechen,
So wird es meine Seele nicht ertragen.«

Ein grauer Himmel lähmte Tag für Tag
Des Morgens lebensfrohen Schlag.
Simplizitas empfand die Zeiten schwer,
Entmuthigt ging sie in dem Schloß umher,
Dem öden, das, nicht froh und gastlich mehr,
Aus all dem unbewohnten Raum
Sie anhaucht wie der Frost den Baum.

Sie sind allein – vor einer Stunde
Ist auch der letzte Gast gegangen;
Den Scheidegruß hat sie empfangen,
Das letzte Wort gehört aus Freundesmunde. –
Ihr klingen noch mit süßem Klange
Die Reden nach, die nun so lange
Syrenenhaft ihr Ohr umspielten,
Den Schmeicheltrank an ihre Lippen hielten.

Das ist vorbei … sie sind allein
Und fröstelnd blickt sie auf den dürren Hain.
Der trug schon lang sein Winterkleid,
Doch ist's, als wär ihr heut erst leid,
Daß rings das Land so tief verschneit.

»Sever«, begann sie sanft, ein wenig bang,
Weil ihr die Kälte Herz und Geist gewann,
»Ein Wintertag hat schweren Gang!
Was fangen wir nur heute an?«

»Mir«, sprach er, »ward der Tag nur in Gesellschaft
lang!«
Sie seufzt ein wenig, doch er lacht
Und spricht: »Was mich schon glücklich macht,
Ist deine liebe, langentbehrte Nähe,
Und daß ich all die andern nicht mehr sehe.«

Sie sprach: »So wurde dir, als wir uns freuten,
Nicht einer lieb von all den Leuten?«
»Nicht Einer!« rief er scharf, »die Schmeichlerschaar!
Kein Blick ist offen und kein Wort ist wahr!«

Umsonst versucht Simplizitas ihr Lob zu reden,
Er fand den Tadel rasch für einen Jeden,
Bemüht, das Bild des Andern zu versehren,
Nicht fühlend, wie des Herzens niedriges Begehren
Begann den Stachel nach ihm selbst zu kehren,
Denn liebevoll erscheint er nimmer so
Und die vergangne Zeit nur deshalb doppelt froh.

Sie steht an seinem Knie und schweigt
Und duckt sich, wie dem Sturm sich neigt
Ein Veilchen, bis der Sonnenschein
Wird endlich wieder bei ihm sein.

Bald sprach er: »Soll für dich hier neue Lust beginnen,
Ich werde schon den leichten Geist gewinnen,
Der seine buntbeglänzten Schwingen
Durchaus zum Licht, das ihn versengt, will bringen.«

Oft, wenn die Brüder miteinander gingen,
Rief er beglückt: »Mein wird die Theure jetzt!
Mir ist wie dürres Land, das endlich Regen netzt.
Die Knospe soll mir Blatt auf Blatt enthüllen
Und endlich meinen Liebestraum erfüllen.«

»Ich fürchte«, sprach Armin, »zu jäh versetzt,
Wird deiner Pflanze Wurzel leicht verletzt
Und ihre frischen Blätter läßt sie hangen.«

»Das schadet nicht, um desto schöner prangen
Wird sie in vollem Glanz nachher,«
Entgegnete vergnügt Sever.

»Verwöhnt durch alle, sonst verwöhnt durch dich,
Aus einem Leben, das dem Zaubermährchen glich;

Für Kinder sind die Mährchen, fiel er ein,
Sie aber soll ein Kind nicht länger sein. –«

Am Abend fanden sich die drei zusammen,
Es knistern traulich des Kamines Flammen,
Die Lampe leuchtet lieblich mit hinein,
Des Winters treuster Sonnenschein.

Sever liest vor – ein gutes Buch,
Aus dem gar viel für Jedermann zu lernen;
Simplizitas durchwebt mit goldnen Sternen
Für ihre Nonnen zum Altar ein Tuch.
Weil sie dem Lesen nicht recht folgen kann,
So träumt sie wohl ein wenig dann und wann. –
Es klingen ihr die fremden Laute,
Des Wissens Sprache, ihm die eng vertraute,
Eintönig wie dem Kind das Wiegenlied,
Das unbezwinglich süß herniederzieht
Des Schlummers träumendes Vergessen.
Sie wehrt sich noch – – indessen
Das schöne Haupt ist müd zurückgesunken,
Und halb vom irren Traume trunken
Erglänzt der sanft verhüllte Blick.
Es ruht die kunstgeübte Hand,
Die wohl für heut die Nadel nicht mehr fand. –
Das war wohl öfter ihr Geschick,
Und nicht zum ersten Mal hat heut
Ein holder Schlummer sie so süß zerstreut.
Schon oft hat es Sever verdrossen,
Das gute Buch ward bös geschlossen.

»Simplizitas!« begann er fast betrübt,
»Sonst tanztest du die halben Nächte,
Dem Schlafe nahmst du oft die holden Rechte;
Und jetzt, für Einen, der dich liebt,
Kannst du dich seiner nicht erwehren;
Nicht eine Stunde länger mir gehören.«

Er schlug das Buch in böser Laune zu,
Sie aber schlief in unbewußter Ruh.
Die Arbeit sank herab und um die Wange
Floß ihr das Haar, das üppig lange.

»Sever!« begütigte Armin, »sie bleibt ein Kind,
Auf diese Art wirst du sie nie gewinnen.«
»Nur schade!« sprach Sever, »für unser Minnen,
Daß wir nicht beide Kinder sind!«
»Wenn du es wärst ein wenig mehr,
So würde sie es wohl ein wenig minder,
Sie fühlt den Abstand gar zu sehr
Und leicht entmuthigt sind die Kinder.«
»Ich kann mich nicht verstellen! kann die Heuchelei
Der Schmeichler«, sprach Sever, »nicht treiben
Und ungestillt wird meine Sehnsucht bleiben
Nach Einer, die mir nah im Geiste sei.
Mir ist, als ob von ungesehner Hand
Sich baue eine düstre Schattenwand,
Die langsam eins vom andren scheide.
Wir sehn es machtlos, hülflos beide,
Verstehn die Worte nicht, die wir uns sagen,
Verstehn nicht mehr einander zu ertragen.«

»In dieser Welt der Sprachverwirrung«,
Entgegnete Armin, »löst auch die schlimmste Irrung
Ein einzig richtig Liebeszeichen,
Versuch es nur, die Schattenwand wird weichen
Und Einfalt hoher Weisheit gleichen,
Spräch' jeder diese Sprache nur!
Der Liebe Sprache, alt wie die Natur. –«

Da ging Sever zur holden Schläferin
Und beugte sich gerührt auf ihre Lippen hin.
Sie schlug die Augen träumend auf;
Umschlang ihn fest, sah froh herauf,
Und als sich beider Blicke fanden,
Da haben sie sich wohl verstanden. –

Doch nicht so freundlich schloß der Abend oft,
Es giebt das Herz so schwer auf, was es hofft,
Und immer wieder greift es nach den Sternen
Und träumt sie nah, die ewig Fernen!

An einem hellen Wintertage
Da stand er neben ihr, im Geist die stete Klage,
Unschlüssig, thatenlos wie sie.
So einsam fühlte sich Sever noch nie,
Als hier an der Geliebten Seite.
Es saß der Staar auf ihrer schlanken Hand,
Dem sie ein Liedchen lehrte, das sie jüngst erfand.
Der Schüler schien nicht sehr gelehrig heute;
Doch unermüdlich summte sie ihm vor
Und half ihm ein, wo er den Text verlor.

Voll Unmuth rief Sever: »Wirst du nicht enden?
Hier kannst du die Geduld verschwenden
Und dennoch kommst du nicht an's Ziel,
Doch mir zu lauschen wird dir gleich zu viel!«

»Ich liebe ihn!« – begann sie zu erwidern,
Allein sie stockte, fühlte bang,
Daß die Entschuldigung nicht recht gelang,
D'rum fuhr sie fort in ihren Liedern.

Da nahm er heftig von der Wand
Das Jagdgewehr, das lang im Winkel stand,
Und ging hinaus und rief dem Hund, dem Troll;
Der kommt gesprungen wild und freudenvoll,
Geberdet sich vor Zärtlichkeit fast toll.

Wie lange war's, daß jagend beide
Den Wald durchstreiften und die wilde Haide.
Des edlen Thieres dunkle Augen glühen
Vor Lust dem Herren wiederum zu dienen –

Ein Wink genügt, ein Zug der Mienen.
Er scheut Gefahren nicht noch Mühen,
Und wie der Pfeil dem Bogenstrang entflogen,
So rasch ist der Befehl vollzogen.

Klein kam er auf das Schloß. Sever erzog ihn sich,
Und wenn das mächt'ge Thier gezähmt, demüthiglich
Nur seinem Wort, nur seinem Blicke wich,
Dann rief er stolz, der liebt nur mich!

So gingen beide fort – es sieht sie gehn
Simplizitas. Halb zürnend blieb sie stehn
Und denkt – das sind nicht gleiche Theile,
Vergnügen nimmt er sich und läßt mir Langeweile.
Er jagt im grünen Wald, mich sperrt er all die Zeit
Hier ein, mit staubiger Gelehrsamkeit.
Nie wird er mir mein Glück zurückerstatten
Und leben werd ich wie ein grauer Schatten.

Oft ging Sever; auch heut zur Jagd gerüstet
Ruft er ihr zu: »Daß Niemand wacht!
Im Jagdschloß bleib ich über Nacht.
Den Eber hol ich mir, nach dem mich's lang gelüstet.
Der Förster stellt ihm nach, weil er den Wald verwüs-
tet;
Zur Nachtzeit tritt er aus – ich weiß die Stelle,
Da sucht er durstend sich des Waldes Quelle.
Der Mond erfüllt sich heut, bei solcher Helle
Erblick ich ihn gewiß und sicher trifft mein Schuß –

Sie bleibt allein. – – Sie durstet nach Genuß.
Des Schlosses reichgeschmückte Säle
Ist sie wer weiß wie oft durchgangen.
Was fängt sie an, daß sie dem Tage stehle
Die Stunden, jene ewig langen.
Dort liegt die Geige, die in schönen Zeiten
So wundervoll in Meisterhand geklungen.
Von Sehnsucht ist ihr Herz danach durchdrungen;
Behutsam fährt sie über alle Saiten,

Sie schauern wie im Geisterklang zusammen,
Und jene goldne Zeit, der sie entstammen,
Steht vor ihr gleich Morgana's Feenland. –
Verlockend taucht es auf ... nur zum Versinken.
Ach einmal noch aus dieser Quelle trinken!
Umsonst! ihr bleibt allein der Wüste öder Sand.

Da wird es plötzlich vor dem Schlosse laut;
Und als sie trüb hinunterschaut
Erblickt sie Einen von den Vielen,
Die damals, bei den festlich frohen Spielen
So munter ihr zur Seite standen.
Vergessen sind die Worte, die sie banden,
Sie ruft ihm zu; sie ladet ihn herein.
»Der Freunde Bote«, sprach er, »soll ich sein;
Soll Einlaß hier für uns begehren.
O holde Herrin! laß zurück uns kehren,
Wir können deine Nähe länger nicht entbehren.«

Sie lächelte vergnügt: »Weit mehr als ihr
Hab ich gebangt nach euch, als ihr nach mir.«
»Dann«, rief er, »will ich froh die Freunde hergeleiten,
Ihr seht die Harrenden im Thale reiten.«

Sie sah hinaus und sah den frohen Zug,
Der Pracht und Farben tausendfältig trug,
Wie Blumen bunt den grauen Weg bedecken.
Doch plötzlich fiel ihr ein, was sie versprochen, –
Drei Tage fehlen noch an jenen Wochen;
Sie hat Sever ihr Wort gebrochen. –
Es ist zu spät! – schon halten sie am Thor,
Und summend wie ein Bienenchor
Erfüllt der Schwarm die stillen Hallen,
Vertraute Stimmen klingen an ihr Ohr
Und trotz der Furcht beschleicht ihr Herz Gefallen.
Sie denkt, er wird die Freunde nicht mehr finden,
Denn vor der Nacht ziehn sie nach Haus,
Und da er selbst auf Lust und Freuden aus,
Mich meines Worts für heut entbinden.

Geschäftig fängt sich's an im Schloß zu regen,
Dem tollsten Plan ist Niemand hier entgegen.
Hergeben soll den letzten Ton die Geige,
Der Becher Lust geleert sein bis zur Neige.
Im Saal voll Licht, Simplizitas im Glanz
Erfüllt von Glück, berauscht vom Tanz.

Es schien Armin, als ob er träume,
Wie sich durch all die sonst so stillen Räume
Das Lustgeschrei in vollen Tönen zog;
Doch war's kein Traum, der ihn belog.
Er trat zur jungen Frau heran
Und sprach: »Du hast nicht Recht gethan.«

Sie schlug die Augen tieferröthend nieder
Und stammelte: »Erst morgen kommt er wieder.
Gewiß, ich wollte ihm mein Wort erfüllen,
Doch ich vergaß es wider Willen.«

»Vergessen!?« sprach Armin, – »Wo unser Herz ver-
spricht,
Da kennt man das Vergessen nicht.«

Den Wald durchstreift indeß Sever beim Mondenlicht.
Da – früher als er dachte – bricht
Der Eber aus, – tritt plötzlich schwarz hervor
Und nimmt den Lauf durch Sumpf und schilfig Moor.
Es fällt der Schuß, – er streift den Flücht'gen nur,
Und hinter Felsgestein verliert sich seine Spur.

Verdrießlich senkt Sever das trügende Geschoß;
Doch wie vom Sturmwind fortgefegt
Verfolgt sein zottiger Genoß
Den Eber keuchend, wild erregt. –
Kein Rufen hilft, kein Pfeifen, Drohn,
Und wie im Augenblick die Funken
Zum Himmel auf in wilden Flammen loh'n,
So stürzt das Thier hinweg Begierde trunken.

Verstimmt beschließt Sever nach Haus zu kehren,
Noch nie sah er den Hund, wie heute hier,
Der Zucht und des Gehorsams ganz entbehren;
Und seltsam kränkt es ihn, daß die Begier
Doch stärker als die Treue war im Thier.

Von ferne sah er aus des Schlosses Zimmern
Befremdet helle Lichter schimmern.
Erst will er kaum den Sinnen trauen,
Doch immer tiefer falten sich die Brauen
Und ungehört verdammt, im Innersten verletzt,
Sein Herz die Heißgeliebte jetzt.

Er schleicht sich heimlich zu den alten Hallen,
Dort stehn im Mondlicht seiner Ahnen Bilder;
Kein Treubruch schwärzt den Glanz der Schilder
Und keiner ist dem Truge je verfallen.
Er fühlt sich stolz auf sein Geschlecht,
Ihr Adel war: – sie thaten Recht.
O daß er nie in diese edle Kette
Unächtes Glied gewoben hätte.

Nur Einer sah Sever .–. das war Armin;
Scheu sah er ihn die lichten Säle fliehn,
Ging ihm nicht nach, trat traurig hin zu ihr
Und flüsterte: »Simplizitas! Sever ist hier!«

Sie schrak zusammen bleich, er sprach ihr zu:
»Wer bitten kann wie du,
Dem wird der Fehle viel verziehn.«
Da ging sie hin und suchte ihn.

Ein eis'ger Wind blies ihr entgegen,
Und bei des Mondes kaltem Scheine
Erglänzten geisterhaft die Marmorsteine.
Die weißen Bilder schienen sich zu regen
Und schaurig fremd sie anzublicken.
Es schlägt ihr Herz bis zum Ersticken,
Doch wagt sie sich in seine Nähe.

Sever steht abgewandt, als ob er sie nicht sähe;
Er ruft dem Troll, der, von dem Mond beglänzt,
Im Schloßhof steht, wo Thor und Mauer grenzt.
Es zittert bang der Hund, doch kommt er nicht,
So oft Sever auch drohend zu ihm spricht.

Simplizitas, dem Zürnenden ganz nah,
Beginnt jetzt leise ihre Beichte.
Doch als der Klang sein Ohr erreichte,
Da ward er bleicher als der Schnee. –
Sie blickte furchtsam an ihm in die Höh
Und bettelt flüsternd vor des Herzens Thoren; –
Doch ihre Bitten sind verloren.
Es war, als ob sie nichts mehr galten;
Er sprach: »Du hast nicht Wort gehalten,
Und was du sagst kann ich nicht glauben,
Nicht länger will ich dir dein Leben rauben,
Ich gebe heut dein Glück zurück in deine Hände,
Nun kannst du Feste geben ohne Ende.«

Und wieder rief er streng dem Hund, zu kommen,
Der zitterte, erschreckt, beklommen.
Er ließ beschämt sein Haupt zu Boden hangen,
Des Fehlers eingedenk, den er begangen.

Doch wie das scheue Thier zurückwich, – ferne stand,
Da nahm Sever die Waffe rasch zur Hand
Und legte auf ihn an ... und schoß ihn nieder.
Zusammen stürzt der Hund, allein er reckt sich wieder;
Mit letzter Kraft erheben sich die Glieder
Und sterbend schleppt er sich zu seinem Herrn.
Des Auges halberloschner Stern
Erfleht Verzeihung schon von fern.

Da lag er, winselte und leckte
Den Fuß, den er mit Blut bedeckte.

Simplizitas steht stumm ... erschüttert,
Ihr ganzes Wesen bebt und zittert.

Sie blickt den Zürnenden nicht wieder an
Und schleicht sich fort, so sacht sie kann.

Vor ihrer Seele steht zu jeder Stunde
Das treue Thier, das todeswunde.
Und immer, nahte ihr Sever,
Ward ihr das Herz von Neuem schwer.

Lieblich steigt der junge Tag empor,
Lichtumstrahlt und glanzumflossen,
Lieblich weiß Natur gelinde
In dem kleinen Blumenkinde
Mütterlich sich euch zu zeigen,
Wiegt es sanft auf grünen Zweigen;
Aber lieblicher als in dem allen
Wird Natur, die Reizende gefallen,
Wo mit frommbewegtem Herzen
Junge Mütter zärtlich scherzen
Mit dem Kindchen, mit dem Ersten,
Halb noch selber Kind die Mehrsten;
Halb noch Kind und doch so ernst geweiht,
Sorgend helfend, wenn das Kleine schreit,
Eng vertraut mit seinem Leid,
Kennend nur ein einziges Entzücken,
Fest sein Kind an's Herz zu drücken. –

Da saß Simplizitas, ihr Kindchen auf den Knien,
Sie lächelt froh ihm zu, allein es hat geschrien;
Die Thräne netzt ihm noch die Wange
Und um das Mündchen zuckt der Schmerz.
Das war kein Kindchen für den holden Scherz;
Ein armes Leben, scheu und bange,
Unschlüssig zitternd auf des Daseins Grenzen;
Fremd allen Festen, die den Frohen glänzen,
Erschreckt vom Licht, geblendet von den Freuden,
Der Welt verbunden nur durch Noth und Leiden.

Und wie ein Räthsel sieht es Stund um Stunde
Die Mutter an, die Lebensvolle,
Und lächelt, daß es lächeln solle
Wie sie, die Fröhliche, Gesunde.

Es lebte eine Sage bei den Leuten,
Als würde mit Sever der Name sterben;
Drum harrte sehnlich alles auf den Erben,
Allein ein Mägdlein war's, das sie nach schweren Zei-
ten
Ihm auf den Arm gelegt als Seines,
Ein armes, schwaches, krankes, kleines.
Da fing er heimlich an zu sorgen;
Der Fluch, vergessen und verborgen,
Jetzt wacht er auf, als sei's sein Morgen.

In düstrem Sinnen stand er oft verloren
Vor ihr, Simplizitas der Schönen,
Und sah das arme Kind, das sie geboren,
Und kann sich mit den Beiden nicht versöhnen;
Das Elend schien ihm doppelt mißgestalten,
Auf ihrem Schooß, von ihrer Hand gehalten; –
Nur wo die Seelen mit einander theilen,
Kann eins das andre heilen;
Da gilt Empfangen gleich dem Geben,
Und lieblich werden sich verweben
Das reiche und das arme Leben.

Er sah die Mutter scheu ihr Kind bedienen,
Mit trüben, halb verlegnen Mienen;
Nie konnte sie sein Weinen stillen
Und nie errathen Wunsch und Willen.
Kommt sie, so birgt's das Köpfchen in dem Pfühle.
Das frische Kindchen damals aus der Mühle,
Mit dem ja ließ sich's lustig leben,
Wie fröhlich wußt es nach ihr hinzustreben, –
Hier aber stand sie rathlos trüb danebeen.
Der Amme wird es überlassen,
Da sieht sie's nicht vergehn, erblassen;
Hört kaum mehr, wenn es klagt und schreit
Und kann, der bösen Last befreit,
Genießen wieder Lust und Fröhlichkeit.
Doch mit dem Kinde soll die Mutter leiden,
Verlangt Sever; – er fühlt sein Herz sich scheiden

Von ihr und dieser ungetrübten Schöne,
Die in dem Glanz der Augen strahle
Mit lachender Gesundheit prahle,
Als ob sie Schmerz und Elend höhne.

Die Liebe geht, – es kommt die Klarheit
Und eine herbe ungerechte Wahrheit.
Sie sieht den Keim und kennt nicht mehr
Den Boden, der ihn trug, die Luft, die ihn erweckte;
Und arme Seelen, die ihr Schelten schreckte,
Empören sich und setzen sich zur Wehr.
Denn ungerecht und viel zu hart und schwer
Ist jedes Urtheil, das von Liebe leer.

Er spricht mit ihr in rauhen Worten,
Er findet Fehler aller Orten.
Sie scheu und stumm vermeidet die Begegnung,
Und wagt kein Wort der Reue, der Entgegnung.
Der Glanz erlischt in ihren schönen Blicken,
Wenn sie nach ihm die Strahlen schicken; –
Nicht mehr dieselbe scheint sie ihm geblieben,
Und er im Recht, sie nicht wie sonst zu lieben –

Doch rings umher erwachen tausend Stimmen,
Die Funken nährend, die da glimmen.
Und heimlich heißt's, der Fluch wird wahr,
Seht nur das Elend, das sie ihm gebar.
Er hört es nicht; doch weiß er, daß sie's sprechen.
Er sucht sich an Simplizitas zu rächen;
Und unter seines Hauses Dach
Da rief er selbst das Unheil wach,
Und zieht es auf und wird es füttern,
Bis daß es, wachsend nach und nach,
Das Haus von Grund aus wird erschüttern.

Es zogen nach der Schönheit Stern
Viel Gäste in die reichen Hallen,
Musik und heitre Weisen schallen. –

Am Abend war's – – doch tageshelle
Erglänzt das Schloß vom Thurm zur Schwelle;
Nur eine kleine arme Stelle,
Ein Fensterchen blieb dämmrig dunkel,
Als sei es fremd dem prächtigen Gefunkel.

Dort in der Kammer lag auf seinem Linnen
Ein Kindchen, weiß wie Winterflocken,
Wie Blüthen vor dem Frost erschrocken,
Die keinen Frühling mehr gewinnen.
Der Augen Sterne fest geschlossen,
Mit blauen Schatten übergossen.

Geduldig schützend diesen schweren Schlummer
Saß neben seinem Bettchen, ganz in Kummer,
Die derbe Amme, die es nährte –
Wie sorglich sie der Störung wehrte,
Die rauhe Hand, so zart es fassend,
Der schwere Schritt sich kaum noch hören lassend,
Sei's Tag, sei's Nacht, sie fehlte nimmer
In diesem kleinen Krankenzimmer.

Heut tritt Sever zu ihr herein –
Er flieht den frohen Schwarm mit Grauen,
Bei seinem Kind ist er allein,
Da kann er still und traurig sein.
Simplizitas mag er nicht schauen,
Die Lächelnde, die Lichtbeglänzte.
Ach! alle Anmuth, die sie kränzte,
Die gäb' er hin, sie hier zu sehn
In treuer Pflege stehn
Am Bettchen, mit verweinten Augen,

In Kleidern, die zu keinem Putze taugen,
Verwacht und müde, elend, bleich,
Und doch für ihn an Schönheit doppelt reich.
So sehnt er sich Simplizitas zu grüßen,
Und reuig dann zu ihren Füßen
Für jedes harte Wort zu büßen.

Ihm scheint die Kleine sterbend, nah heran
Tritt er zur Wiege – fährt die Amme zornig an:
»Wo ist die Mutter? sagt es ihr,
Ihr Platz ist hier!«
Die Wärt'rin weiß, es gilt für kein Verbrechen,
Von ihrer Herrin schlecht zu sprechen –
Sie bittet: »Laßt allein mich wachen!
Wollt ihr dem armen Kind noch mehr der Qualen ma-
chen?
Die Herrin weiß zu spielen und zu lachen,
Doch solch ein Krankes weiß sie nicht zu pflegen.
Erst gestern ... just in's Bettchen wollt ich's legen,
Da nahm sie's mir und scherzte mit der Kleinen,
Und wußte so das Kindchen aufzuregen,
Die ganze Nacht verlor es ihretwegen
Und blieb beim Schreien, blieb beim Weinen.
Für heute droht ihm nicht Gefahr,
Es ist nicht kränker, als es immer war.«

Er schwieg und sagte nichts dagegen,
Doch als die Worte in die Seele sanken,
Da sprachen zürnend die Gedanken:
»Ja, spielen kann sie nur und scherzen,
Doch vor dem Jammer, vor den Schmerzen,
Da weicht sie aus mit feigem Herzen.«

Ganz dunkel ward es, wo er stand,
Von seinem Kind hinweggewandt.
Doch leise öffnet sich die Thüre,
Als ob sie sich von selber rühre,
Und leuchtend steht, von Mondenlicht beglänzt,
Simplizitas im kleinen Zimmer.

Sie steht in zauberhaftem Schimmer,
Ihr Haar von Rosen voll bekränzt.
In ihren Händen trägt sie eine Leuchte,
Und als der Strahl die Dunkelheit verscheuchte,
Da regt sich träumerisch das arme Kleine.
Sie lächelt ihm, dünkt sich alleine,
Und flüsternd singt sie eine Weise,
So sanft, so heimlich und so leise,
Als ob sich auf des Baches Reise
Die Wellchen plätschernd necken, strecken,
Melodisch rauschend durch Gestrüpp und Hecken –

Doch waren's Schmerzen, waren's Schrecken,
Die Fieberträume oft verstecken;
War es das Licht, das sie vergaß zu decken,
Mit jähem Schrei, der aller Herzen traf,
So fuhr das Kind empor vom Schlaf.

Man sagt, daß es der Tropfen sei,
Von dem die Becher überquellen;
So schwach er klang, der kleine Schrei
Entfesselt wilde Zorneswellen;
Sever steht drohend da im Hellen.
Simplizitas ist schreckensvoll erblaßt,
So rauh hält er die zarte Hand gefaßt.
Er zieht sie zürnend von dem Bettchen fort,
Sein Ton klingt fremd und fremd sein Wort.
»Simplizitas!« sprach er zu ihr,
»Nimmst du dem Kinde heut die Ruh,
Wie du sie einst genommen mir?
Solls auch an deinen Küssen sterben?
Erretten werd ich's vom Verderben,
Auch mir gehört sein Leben zu.
Fort soll es, fort von hier!
Vor allem fort von dir!
Der Amme geb ich's, die an deiner Statt
Es mütterlich geliebt, gewartet hat;
Was hilft es, daß du reizend bist,
Dein krankes Kind, das du vergißt.

Es wird sich weinend von dir wenden,
Und mit den schwachen kleinen Händen
Die treue Pflegerin erfassen.
Die nimmer es verlassen.«

Bewegung schwellte ihm mit Thränen
Die Brust, so daß er stockend sprach,
Was ihm das Herz im Herzen brach.
Wie sein Gefühl die Bitterkeit verlor,
Da wuchs in ihm ein heimlich Sehnen,
Ein kühnes Hoffen stieg empor.
»Sie läßt das Kind sich nicht entreißen,
In ihren Schmerzen, in den heißen
Wird sich ihr Herz, ihr Mutterherz enthüllen,
Und selig wirst du's dann mit Wonne füllen.
Dann wird das Kind erst recht das Eure,
Dann ist sie wieder dein, die Theure.«

Doch schweigend, zitternd steht die Arme da;
Sie kommt dem Kinde nicht mehr nah,
Sie streift es nur mit scheuem Blick
Und sucht die Thür und weicht zurück.

Er aber, der die Furcht nicht kennt,
In einem Zorn entbrennt,
Den er gerecht und edel nennt,
Er läßt sie gehn ... er hält sie nicht;
Er blickt ihr nicht in's Angesicht,
Wo bittend, flehend für sie spricht,
Aus ihren holden Kinderaugen,
Die nur zum Strahlen, Lächeln taugen,
Ein irres, zitterndes Erschrecken,
Das ihr die Seele scheint zu decken.

Am nächsten Morgen – lieblich war der Tag,
Da nahmen sie das Kindchen aus der Wiege,
Als sie noch wach daneben lag,
Ihr war, als ob sie bittend sprach;
Doch sprachen nur die holden Züge,
Kein Ton kam ihrem Flehen nach.

Bedrückt und trübe schlich sie sich hinaus,
Gescholten, fremd im eignen Haus.
Da saß sie, barg ihr Haupt in ihr Gewand,
Bis sie Armin in ihrer Trauer fand.
Er tröstet sie – sein sanfter Geist
Versteht sie besser, denn Sever zerreißt
Zu oft den Knoten, den er lösen konnte,
Und ihre Seele, die so gern sich sonnte,
Versteckte sich vor ihm wie Vögel beim Gewitter.
Sie klagt: »Er macht das Leben mir zu bitter!«
Ein rechtes Mitleid will in ihm sich regen,
Um diesen Schmetterling, den armen,
Der zitternd sieht die Stürme fegen
Und auf den sonst so bunten Wegen
Den rauhen Winter ohn Erbarmen
Ihm alle seine Blumen rauben,
Die ganze grüne Flur entlauben
Und seine Eiseshauche senden,
Der Flügel letzte Kraft entwenden.
Und sorglich, wie man jungem Kinde
In Mährchen ernste Wahrheit hüllt,
So sucht er, daß er Wege finde,
Wo ihrer Seele heil'ge Quelle quillt;
Vorüberführend an den dunklen Stellen
Des Leidens und des Schmerzes Schwellen,
Bis sie den Blicken sich erhellen
Und einen wunderbaren Glanz gewinnen,
Als wäre dennoch Licht darinnen.

So saßen sie beisammen manches Mal,
Und wie die Sonne streift das thaugetränkte Thal,
Begann in ihren Augen, in den feuchten,
Das alte Lächeln wieder aufzuleuchten.

Voll Mißtraun sah Sever die Beiden,
Sein Herz beginnt den Bruder zu beneiden,
Nennt seine Freundlichkeiten Schmeicheleien,
Wie darf er solchen leichten Sinn verzeihen?
Armin! ein Vorbild edelster Gesinnung!
Mit ihrer zauberischen Minnung
Wird sie dies liebe Band ihm auch versehren.

Zum Schaden weiß Sever das Reinste zu verkehren,
Und wie bei aufgeregten Meeren
Sich lichte Wogen erdig färben,
So wird der dunkle Grund in seinem Geist, dem her-
ben,
Den hellen Tag der Freude ihm verderben.
Nicht retten mag er seines Glückes Scherben;
Das Leck am Schiffe wird er selbst erweitern
Und rettungslos am Leben scheitern.

Tief im Schlafe lag die Erde,
Ahnend, daß der Winter kommen werde.
Im Hause war's nicht anders – langsam schlichen
Die Tage gleich Gespenstern grau vorüber,
In langen Stunden schlichen sie hinüber,
Und ihre Pracht war wie das Laub verblichen.

Simplizitas vernimmt der Stürme Wehn,
Doch kann sie nur Sever, dem Zürnenden entgehn
Und neben seinem sanften Bruder stehn,
Ist sie zufrieden und es reut sie nimmer,
Daß keiner sonst sich freut an ihrer Schönheit Schim-
mer.

Doch zwischen beiden Brüdern war's nicht gut,
Und nicht wie früher hielten sie zusammen,
Der Eine strafte mit des Zornes Flammen,
Der Andre trug's mit stillem Muth.
Er trug's! doch kann die Seele nicht vergessen,
Wie tief der scharfe Dorn gesessen,
Und immer wieder wird sie danach messen.
Denn Worte gibt es, die so giftig ätzen,
Daß sie die Herzen mitverletzen,
Die sie gebrauchen um zu kränken,
Und niemals stirbt ihr Angedenken;
Will Liebe fromm die Spur verwischen,
So drängt ihr Klang sich geisterhaft dazwischen;
Nicht mehr des Friedens können wir uns freuen,
Uns bleibt allein ein bittres Reuen.

Im Spätherbst war's ... doch glühend rief die Sonne
Noch einmal alles auf zu neuer Lebenswonne.
Sich sonnend saß Armin auf dem Gemäuer
Der Treppe, die zum Thal hinunter führte,
Und über ihm erglänzt in rothem Feuer

Die Jungfernrebe, wenn ein Strahl sie rührte.
Wie schön sie ist! doch ach ihr Glanz
Ein Todtenkranz.
Und als ringsum in goldnen Schauern
Die Blatter sinken, faßt ihn Trauern.
Er sah hinunter in das weite Land,
Da war kein Baum, der laublos stand,
Kein welker Fleck, kein dürrer Sand,
Das nicht dies Licht in unbarmherz'ger Klarheit fand.
Doch plötzlich ward sein Blick erhellt,
Vergessen ist das Laub, das sterbend fällt,
Und fröhlich ward für ihn die Welt. –
Simplizitas erscheint! ihr Fuß betritt die Stufen,
Und seine ganze Seele fühlt er nach ihr rufen;
Und wie sie näher kommt und wie sie steigt,
Da ist's, als sei ihm heut sein Herz gezeigt
Im scharfen Strahl, wie dort das Land ... er schweigt,
Er zagt ... welch glühendes Gefühl
Durchdringt ihn heut? – – ihn, der sonst ruhig ist und
kühl!
Was hemmt der Seele stürmendes Verlangen,
Sie zärtlich zu empfangen?
Ist er nicht tausend Mal gegangen
Sie liebevoll zu trösten, zu begrüßen?
Doch heute liegt's wie Blei in seinen Füßen.
Wie kommt's, daß heute ihn ihr Blick versehrte,
War er ihr doch ein täglicher Gefährte,
Dem sie den holden Gruß ja nie verwehrte?

Den Blumenstrauß, im Walde noch gefunden,
Den schüttet sie nun lächelnd auf ihn nieder
Und spricht: »Den hab ich dir gebunden;
Du sprachst, im Frühjahr kämen sie erst wieder,
Im Walde standen tausend um mich her,
Ein warmer Strahl! was brauchen sie auch mehr.«

Er sah sie an – sie war so rasch gegangen,
Daß ihre holden Kinderwangen
In frischer Rothe prangen.

Doch an den Augen sieht er hangen,
Von dunkler Wimper aufgefangen,
Zwei lichtbeglänzte Thränenspuren
Wie Thau auf sonnenhellen Fluren.

Warum ergreift ihn heut ihr kindisch Weinen
Und läßt den Bruder doppelt hart erscheinen?
»Du hast geweint?« so fragt er bebend,
Allein sie lacht, ihm fröhlich Antwort gebend:

»Ja wohl, er schalt mich und ich weinte,
Ich glaube kaum, daß er so bös es meinte;
Du weißt, er liebt die Blumen nicht, die kleinen,
Nicht Farben, die so fröhlich scheinen,
Das Lachen nicht, nicht lustige Gesichter,
Doch du, du liebst die Sonnenlichter,
Dir darf ich all die Blüthen schenken,
Die sonst beschämt die Häupter senken.«

Doch als sie ihm der Blumen Fülle
So lieblich bot,
Ist ihm, als hielte sie den Tod,
Wie dort der Herbst in Blättern gelb und roth.
Von seinem Herzen fiel die Hülle,
Es zuckte schmerzlich auf, das arme,
Als drüber strich der Sonnenstrahl, der warme;
Und aus den ungeahnten Tiefen
Erwachten Stimmen, die da riefen,
Du liebst sie! ja du liebst Simplizitas!
Es ist auf dich nicht mehr Verlaß.
Dein Mitleid blieb nicht rein und deine Hand,
Die zitternd nun die Ihre fand,
Kann nie zur Stütze ihr gereichen. –

Simplizitas sieht sein Erbleichen,
Treuherzig und erstaunt blickt sie ihm in die Augen.
»Heut«, sprach sie, »scheinst du auch nicht viel zu tau-
gen,
Komm, lächle nur ein einzig Mal,

Sieh, heute lächelt rings das Thal;
Obgleich gar böse Zeiten kommen,
Ist es noch einmal ganz in Lust entglommen.«

Er aber schwieg und sah den Strahl
Mit seinem Licht ihr Haupt umsäumen,
Und auch die Blumen, die er nahm im Träumen,
Und sah das Land, das dürftige, entlaubte.

Sie sprach: »Ich glaubte,
Du wärst mir gut und hättest Freude gern,
Doch bist du auch von jenen finstren Herrn,
So bleib ich fern.«

Da blickt er nach ihr auf, als wie nach einem Stern
Und rief: »Komm! banne du die bösen Geister,
Daß nicht der Trübsinn werde meiner Seele Meister!
Nie will ich deine Blumen schelten,
Was sollen es die Fröhlichen entgelten,
Daß anderwärts die Freude selten.«

Sie sprach: »Was wollt ihr nur? ist denn die Welt
Zum Jammerthal für uns bestellt.
Ich liebe sie, ich liebe Athmen, Leben,
Glück kann mir schon die kleinste Knospe geben;
O freue dich mit mir, ich lieb auch dich, Armin.«

Da fing er langsam an das Haupt zu heben
Zum Glanz, der sich in ihrem Blick zu fangen schien,
Mag auch die holde Sonne scheiden,
Sie weiß den Abschied selbst in hohe Lust zu kleiden.

Doch in den einsam stillen Stunden,
Da prüft der Arme wie ein Arzt die Wunden,
Um wieder zu gesunden.
Wie kann er sich von seinem Bruder wenden,
Vom Kinde, das er selbst erzogen?
Hat ihn der böse Zauber auch betrogen?
Ihm eine falsche Freundschaft vorgelogen?

Kann so die Liebe für den Theuren enden?
Und doch mit reichgefüllten Händen
Muß er sie anderwärts verschwenden!
Muß fordern fremdes Glück, als Seines,
Als wär es seiner Rechte eines –
Wie kämpft er mit den tückischen Gewalten,
Die ihm den Bruder umgestalten
Und ihm sein liebes Bild vernichten,
Das Heilige, das wir aus Lieb und Treue,
In langen Jahren immerdar auf's Neue
Den Unsrigen errichten –

O wäre sie nicht einsam, nicht verlassen!
Scheint doch Sever sie fast zu hassen,
Hätt er ihr nur ihr Kind zum Schutz gelassen!

Der heitre Tag war einer von den Letzten.
Heut war's, als ob die Stürme sich ergetzten,
Recht wild und keck daherzufahren.
Die Blätter flogen auf in Schaaren,
Die bleichen, zitternden, gehetzten.

Simplizitas, im Wald erzogen,
Ist jeder Jahreszeit gewogen.
Das frische Haupt zurückgebogen,
In Kindeslust am Kampf sich freuend,
Durchstreift sie Flur und Hain, den Sturm nicht scheu-
end.
Ihr ganzer Sinn in lieblicher Erregung,
Ihr goldnes Haar in reizender Bewegung,
Das Auge klar, das lichtbeseelte,
Als hielte es den Sonnenstrahl gefangen,
Der an dem grauen Himmel fehlte.

Doch plötzlich sieht sie vor sich stehen.
Als sei ein Zauber hier geschehen,
Ein altes Weib – die Stürme fangen
Die Lumpen, die den Leib umhangen,
Wie sie das greise Haar erlangen,
Da krümmt es sich, als wären's Schlangen.
Und als sie's wild nach rückwärts wehen,
Kann ihr Simplizitas in's Antlitz sehen.
Hoch jauchzt sie auf – die Mutter ist's; sie küßt die
Wangen,
Die Lippen und die dürren Hände.
Jetzt, meint sie, hätte alle Noth ein Ende,
Weil sie die Mutter wiederfände.
Und gleich der halbverklungnen Sage
Erscheinen ihrem Geist die Kindertage,
Die Zeit im Wald, die frohen Spiele,
Ein Leben ohne Last und Ziele,

Wo nichts sie trüben, nichts sie stören konnte
Und jeder Tag am eignen Licht sich sonnte.
Sie sprach: »Ich will dein Kind nun wieder werden!
Will mit dir gehn, wohin du gehst auf Erden;
Mit Andern weiß ich nicht zu leben
Und nichts als Noth hab ich gegeben.«

Die Alte aber lächelte zufrieden,
Sie prüft das kostbare Gewand,
Den goldnen Schmuck an ihres Kindes Hand
Und rief: »So ward mir endlich Glück beschieden,
Du Hexenkind in solchem Schein,
Du könntest eine Fürstin sein!
Was kümmert mich der Andern Noth,
Lebst du doch frisch und wangenroth.
Jetzt soll die Welt mir ihr Schätze zeigen
Und endlich wird mein Durst nach Golde schweigen,
Mir volle Becher! – ihnen bittre Neigen!«

Simplizitas umklammerte die Alte
Und flüsterte: »Wenn ich nur dich behalte!
Am Andern ist mir nichts gelegen,
Komm, geh mit mir, ich will dich pflegen,
Mit köstlichen Gewändern dich umhüllen
Und jeden Wunsch in Freuden dir erfüllen.«

Die Alte schüttelte das Haupt mit Lachen,
Sie blickte in die Augen ihr, die klaren,
Mit ihren, listig, welterfahren.
»Da lief ich grad dem Unglück in den Rachen!
Du Kind, du Einfalt – schön empfangen
Würd ich, käm ich mit dir gegangen.
Nein, nimmer darfst du Meinesgleichen
In deines Saales Lichtern zeigen;
Der Finsterniß gehöre ich zu eigen.
Und die mich zwangen, in der Nacht zu schleichen,
Die mag sie selbst erreichen.
Ich will dir nicht dein Spiel verderben,
An meinen Lumpen soll dein Glanz nicht sterben;

Als Hülfe will ich dich benützen,
Auf deinen goldnen Stab mich stützen.
Heut Nacht komm ich herangekrochen
Und warte deiner bei den todten Eichen;
Dort sollst du mir von deinem Golde reichen,
Von deinem Schmuck, von deinen edlen Steinen,
Die gar so lockend scheinen.
Sie werden sie dir wieder schenken,
Und daß du sie verloren denken. –
Gar wonnig ist's, die Schöne schmücken,
Sie zahlt mit ihren holden Blicken. –«

Simplizitas faßt nicht der Alten Sinn,
Der gierig hascht nach ihres Glücks Gewinn;
Versteht nicht, was die Mutter sagt,
Warum ihr Fuß sich nicht zum Schlosse wagt, –
Sie hält sie fest am ärmlichen Gewand,
Als wär's ein Schutz ... wie damals bei dem Brand.

Die aber löst die goldgeschmückte Hand,
Und nimmt den Ring und nimmt das Band
Und flieht wie fortgejagt von hinnen.

Noch lange saß Simplizitas in tiefem Sinnen
Und sah die Dämmerung den Wald gewinnen,
Da stand sie endlich auf und ging. –
Sie fand Armin, – er schien besorgt zu warten,
Denn dunkel war es schon und kühl im Garten.
Wie er so freundlich sie empfing,
Begann sie leis' zu reden und zu klagen;
Von ihrer Mutter fing sie an zu sagen,
Die sich zum Schloß nicht wolle wagen. –
Doch er, den stolzen Bruder kennend,
Erschrickt, als sie, die Hexe nennend,
Um Rath und Hülfe ihn beschwört –

»Verschweige alles!« bat er ganz verstört,
»Schlimm wär's, wenn heut Sever durch dich erfährt,

Daß du sie sahst, die Unheilvolle!
Was will sie hier bei dir, die Tolle?«

Da fing sie an geheimnißvoll und leise,
In ihrer unschuldsvollen Kinderweise,
Den Vorsatz dieser Nacht ihm zu vertrauen.
Er will sie warnen, – doch mit finstren Brauen,
Das Auge düster auf ihr Thun gerichtet,
Sieht er den Bruder kommen, wo der Gang sich lichtet.
Weshalb beschleicht Armin ein Schrecken,
Hat er doch nichts zu bergen, zu verstecken.
Er läßt die Hand, die festgefaßte fahren,
Als dürfe das der Bruder nicht gewahren,
Und macht sich traurig fort aus ihrer Nähe.
Zum ersten Mal that er ihr wehe;
Sie bleibt verwirrt, verlassen stehn.
Was war mit ihrem letzten Freund geschehn?

Das Schloß ist voll von übermüth'gen Gästen,
Nicht grad der Edelsten und Besten,
Doch brauchbar zu so muntren Festen.
Sie flieht hinauf, – dort jauchzt man ihr verwegen
Als Königin der Lust entgegen,
Und um den Tisch im Kerzenglanz
Vereinigt sich um sie ein halbberauschter Kranz.
Die Becher klingen, greller Schein
Läßt keine Dunkelheit hinein.
Ihr helles Lachen klingt hernieder,
Doch düster hören es die Brüder.

Das Schloß stand hoch, vom kant'gen Fels getragen,
Mit grünen Schluchten, wo in Sommertagen
Die Sonnenstrahlen lustig spielten,
Bis Schatten sie gefangen hielten.
Und durch die Schluchten schlang sich silberhell
Ein Quell,
Ein frischer, fröhlicher Gesell.
Doch alles, was im Lenz so lieblich lachte,
Den finstren Herbst noch doppelt finster machte –
Der Bach, geschwellt von Regenströmen,
Will keinem Bette sich bequemen.
Getrübt und sprudelnd rast er durch die Schlünde,
Zum Abgrund wandelnd holde Wiesengründe;
Und jene Eichen, die die Alte nannte,
Er war's, der tückisch mit gewalt'ger Wuth
Der Wurzel Heimathgrund entwandte
Und ihre stolzen Kronen erdwärts sandte;
Er gab den Stürmen erst den Muth.
Doch wer die Stolzen sah in ihrer Pracht
Zu Fall gebracht,
Der hätte an das Bächlein nie gedacht,
Das fröhlich wie ein Kind, das lacht,
Durch Blumen schlüpft geheimnißvoll und sacht.

Schon gegen Abend kam erschreckt ein Bote,
Dem Schloßherrn meldend, Ueberschwemmung droh-
te,
Die Wasser tobten mit so wildem Schwalle,
Daß jede Grenze wiche und die Dämme alle. –
Verloren, wer sich auf des Waldbachs Seite
Im Dunkeln, ohne Fackeln und Geleite
Zum Thal hinabwärts heute wage,
Geborsten sei der Pfeiler, der die Brücke trage.

Zum Glück hat Niemand viel zu suchen dort,
Denn einsam und verrufen ist der Ort;
Die Aeste jener halbverdorrten Eichen,
Sie galten fast als Zauberzeichen,
Und heimlich weiß das Volk sich zu erzählen,
Alljährlich müsse hier der Tod sein Opfer wählen.

Die Nacht brach an mit Finsternissen,
Mit Schattenmauern, jäh vom Licht zerrissen.
Auf ihrem Lager saß Simplizitas;
Vor ihr ein Lichtchen, klein und blaß,
Und leuchtend doch zu tausend Malen,
Sich spiegelnd mit den zarten Strahlen
Im Golde, in den edlen Steinen,
Die sich in ihrem Schooß vereinen.
Sie freut sich ihrer reichen Fülle,
Und spielend sucht sie aus und sichtet;
Doch endlich hat sie alles lieblich eingerichtet.
Sie nimmt des Mantels weite Hülle,
Sie birgt der Haare goldnen Schein
Und leise tritt sie in die Nacht hinein.

Doch nicht Simplizitas allein
War draußen in den Finsternissen,
Noch Zweie hat das Dunkel bergen müssen,
Die nicht zu schlafen, nicht zu ruhen wissen.
Sie gehen Beide in der Irre,
Begleitet von der Fledermaus Geschwirre;
Wer wird aus ihren düstern Kreisen
Den armen Geist zum Lichte weisen,
Daß ihn das Dunkel nicht verwirre?

Es folgt Simplizitas Sever mit bösen Blicken.
Nicht ihre Schönheit kann ihn mehr erquicken,
Grad ihre Reize werden heut Verbrechen,
Die ihr ein unerbittlich Urtheil sprechen.
Er sieht den Bruder nicht, – er fühlt nur: er ist da; –
Doch als er ihn von Angesicht nun sah,
Da überstieg der Schmerz die Schranken

Der wildesten Gedanken.
Von Weitem folgt er nun den Beiden;
Er kann sie schwer im Dunkeln unterscheiden,
Er hört nur ihr geheimes Flüstern
Und ihre Schritte sich verschwistern.
Bei jenen Eichen stehn sie stille, –
Er lauscht, – doch machtlos bleibt sein Wille,
Denn wild und wilder tobt sein Blut.
Er fühlt es steigend sich empören,
Es hindert ihn ihr Wort zu hören,
Vor seinen Ohren braust die Fluth; –
Umsonst versucht er mit den Augen
Es von den Lippen fortzusaugen.

Gefangen lag der Mond, der bleiche
Im dunkelschwarzen Wolkenreiche, –
Doch plötzlich wird er licht und frei
Und zieht in vollem Glanz vorbei. – –

Ein Augenblick nur war's, doch war's genug;
Er sah das Gold, das sie im Kleide trug,
Den reichen Schmuck, Sever so wohlbekannt,
Er band ihn selbst ihr einst um Hals und Hand.
Wie lächelnd sie bei dem Geliebten stand!
Weshalb hat sie ihn hier getroffen,
Wenn Beide nicht zu fliehen hoffen?

Rasch tritt er aus der Dunkelheit in's Freie –
Jetzt zeichnet grelles Licht die Dreie.
Doch als er dräuend vor dem Paare stand,
Entsank die Waffe seiner starken Hand,
Sein Zürnen ward ein traurig Klagen.
»Ist das die Liebe, die du mir getragen?
Die du der Mutter in den Todestagen
Einst zugesagt, Armin, – und mehr als Leben
Der armen Waise einst damit gegeben,
Einst lieben lehrtest meine junge Seele? –
Allein was nützt es, daß ich dir erzähle,

Was du mir warst; – hast du's vergessen,
Wirst du mein Elend nie ermessen?«

Der Bruder hört ihn an, bleich wie der Tod,
Doch endlich färbt ein tiefes Roth
Die Wange ihm, sein edel Antlitz nahm
Die ungewohnte Farbe an der Scham.
»Halt ein Sever und sprich mich frei,
Hat sich dein Herz in mir betrogen;
Ist alle Liebe nur erlogen
Und keine mehr auf Erden treu, –
Geschützt von heil'gen Engelschaaren
War sie bei mir, – denn sie war dein –
Ich aber litt allein.
Durch alle Adern fühlt ich schleichen,
Mit ihren Gluthen mich erreichen,
Verbrecherischer Liebe Zeichen.
Und das Gefühl für dich, den Meinen,
Hat sie vergiftet, daß mir wollte scheinen,
Ich liebte dich nicht mehr.
Wie oft und schwer
Hab ich mit ihr, der Mächtigen gerungen;
Gewiß ich hätte sie bezwungen,
Ich wäre wieder zu dir durchgedrungen;
Doch seit du ungestüm in freventlicher Hast
Der Seele Schleier weggerissen hast,
Daß jeder ihre Wunde sieht und faßt,
Weiß ich, daß wir uns trennen müssen.
Umsonst werd ich von Treue sagen,
Du kennst des Herzens unruhvolles Schlagen,
Der Blick, das Wort, sie sind verdächtig
Und nicht mehr sind wir ihrer Deutung mächtig. –
Hier brennt der Boden unter meinen Füßen,
Heiß sehn ich mich, entfernt von euch zu büßen,
Und erst geheilt will ich dein Haus begrüßen.
So laß mich gehn, verbannt und heimathlos,
Ich weiß Sever, du denkst zu groß,
Als daß du mich noch könntest hassen,
Wenn ich so einsam lebe und verlassen. –«

Er wandte sich und ging – kein Licht auf seinem Wege,
In tiefer Dunkelheit die bösen Wege.
Der Mond verhüllt, der Abgrund ihm zur Seite,
Verderben drohend, wenn der Fuß ihm gleite,
Wie dort zerstört der Steg, zerstört jedwede Brücke,
Die ihn noch führen kann zur Freude und zum Glücke.

Der Bruder hält ihn nicht – in seines Herzens Kammer
Da ringt der Zorn sich mit dem Jammer.
Verzweifelnd wirft er sich zur Erde nieder,
Armin hat seine Liebe wieder,
Doch zwischen ihnen welche Kluft!
Ein Abgrund tief und trostlos wie die Gruft.
Sie sind getrennt – getrennt auf immer –

Simplizitas steht zitternd bei dem Armen,
In ihren Händen noch des Goldes Schimmer.
Ihr kindisch Herz ist voll Erbarmen,
Doch ihn zu trösten wagt sie nimmer –
Ist das der Fluch, der auf ihr ruht?
Der Thränen fordert heiß wie Blut?
Was kann sie thun, ihn abzuwenden?
Mit ihren schwachen, ungeschickten Händen?
So steht sie hülflos lange Zeit,
In Kälte und in Dunkelheit,
Vergessen neben ihm und seinem Leid.

Doch horch, welch Brausen dringt jetzt an ihr Ohr.
Die Wasser sind's, sie steigen jäh empor;
Wer dort des Weges ging, der ist verloren,
Als Opfer hat ihn heut der Tod erkoren.
Wild fährt Sever aus seinem Jammer auf;
Zum Schlosse stürzt er athemlos herauf,
»Daß dort die Brücke fiel, weiß es Armin?
Wird er die böse Stelle fliehn?«
Es weiß es Keiner ihm zu deuten.
Blitzschnell bedecken sich von Fackeln und von Leuten
Die unheilvollen grausen Schluchten.
Sever voran – durch Gräben und durch Buchten –

Er fürchtet nicht, wo andre scheuten,
Er zaget nicht, wo andre zagten,
Er klaget nicht, wo andre klagten.
Minuten werden ihm zu Stunden
Und endlich hat er selbst den Wunden,
Den Sterbenden gefunden. –

Er hält so sorglich auf den Knieen
Das Haupt, um das die Todesschatten ziehen,
Er ruft ihn an mit Schmeichelnamen,
Die aus den Kinderzeiten kamen –
Reibt er sich auf in nutzlosem Bemühen?
Kann dieses treue Herz für ihn nicht mehr erglühen? –

Verzweifelnd blickt er auf, – blickt um sich her,
Sein Auge düster – thränenleer, –
Und sieht Simplizitas im Mondenflimmer,
Und sieht der Haare goldnen Schimmer,
Und sieht die Wangen voller Leben
Und den Geliebten gleichwie todt daneben. –

Da strömt sein Leiden aus in Droh'n,
Er nennt sie schuld am Tod, er spricht ihr Hohn.
Solch bittres Elend sei der Lohn
Für jeden, der ihr treu gesonnen,
Für jeden, der sie liebgewonnen.
Und wahr gesprochen hätten Jene,
Die sie verflucht in ihrer Schöne.

Und zeugend fielen alle, die da standen,
In seine Drohung ein und schrie'n:
»Verflucht die Hexe, die mit Höllenbanden
Umstrickt und in den Tod gejagt Armin!«

Simplizitas hob bittend ihre Hände,
»Sagt mir, wie ich den Jammer ende
Und welcher Sünde ihr mich zeiht?
Wem that ich Uebles je? – wem that ich je ein Leid?
Ist's Unrecht, wenn man sich des Lebens freut?

Ist Keiner da, der für mich spricht?
Und selbst dies liebe Angesicht,
Für mich so freundlich sonst, so licht,
Ruft ihr heut auf mir zum Gericht!«

Da faßt die Alte, die sie Hexe schalten,
Simplizitas an ihres Mantels Falten.
»Ihr Thoren!« ruft sie, »ja sie ist gefeit
Und euch zum Unglück ist das Kind geweiht.
Ich war zum lieben euch zu schlecht,
Durch sie bin ich an euch gerächt.
Komm schönes Liebchen! laß sie trauern,
Dein Glück wird alles überdauern!
Es öffnet sich auch anderwärts
Vor solchem Zauber jedes Herz!«

Armin hat jedes Wort vernommen,
Noch einmal sucht die Seele heimzukommen
In Angst um sie, die Heißgeliebte;
Er kann nicht sterben, ohne sie zu retten.
Es ringt sein Geist in Todesketten
Nach Worten, die kein irdisch Sehnen trübte,
Die mit den lichtgebornen Flammen
Schon halb vom Himmel stammen.
Er ruft: »Simplizitas!« und lächelt ihr,
»Simplizitas, komm her zu mir!«

Doch stürmisch schreit das Volk: »Was soll sie hier?
Was soll die Schuldige bei dir?
Das wehren wir!«

Er aber hebt die Augen, die kaum sehen,
Zum Bruder auf in stillem Flehen. –
Da heißt Sever die Leute gehen –
Und läßt Simplizitas heran;
Doch finster sieht er sie und neidisch an.
Ganz nah dem Sterbenden kniet sie sich nieder,
Gesenkten Haupt's, gesenkt der Augen Lider.

»Simplizitas, du darfst uns nicht verlassen,«
Begann er, »Reue wird dich fassen!
Und wehe dir, lernst du statt lieben hassen!«

»Die Reue!« fiel der Bruder ein,
»Vor Reue weiß sie sich zu scheu'n
Und Andre läßt sie für sich leiden. –
Vergessen sind wir bald, wir beiden,
Vergessen wie die Nacht voll Jammern;
Die Kinder, die sich an den Vater klammern,
Vergessen wie der Arme, der sie rief,
Als er zum frühen Tod hinüberschlief.
Vergessen wie ihr Kind, das kaum geboren,
Der Mutter Liebe schon verloren.«

»Verwirf sie nicht!« begann Armin betrübt,
»Errette sie, du kannst es Heute!«
»Dafür hab ich zu heiß geliebt!«
Rief rauh Sever, »mein Herz ward ihre Beute,
Und schien sie einst mir hold,
Hab ich dafür gezahlt zu hohen Sold.
Für immer soll sie meine Nähe meiden
Und anderwärts sich suchen ihre Freuden.«

Da sprach Armin: »So solltet ihr nicht scheiden,
Die Liebe ist von Göttlichem Geschlechte
Und immer wohlthun muß die Echte,
O daß sie euch das Wort der Sühne brächte!«

Und hoffend blickt Simplizitas herauf;
Es steigt ein feuchter Glanz in ihren Augen auf.
»Kann ich die Liebe finden, die du meinst?
Mit der du Trost und Glück vereinst?«
Er aber zog sie hin zu sich
Und frug: »Was fürcht'st du dich
Zu lieben und zu leiden?
Denn in den Beiden
Ist Schmerz und Wonne so verbunden,
Daß oft die Wonne ward im Schmerz gefunden,

Gott weiß das Glück oft wunderbar zu kleiden.
Sieht aus wie Elend oder Leid
Und ist doch lautre Seeligkeit. –«

Die Alte aber rief: »Mein Kind!
Ihr Glück ist rauh wie Winterwind
Und wird dir nur das Recht erwerben,
Für Andre hier zu leben und zu sterben!
Komm fort, was soll ihr Schelten, Klagen,
Ihr Bußethun, ihr nüchternes Entsagen;
Bist du doch schuldlos wie die Blüthe,
Geschmückt durch der Natur verschwenderische Gü-
te.«

»Nicht schuldlos bist du wie die Blume,
Simplizitas!« begann Armin nun wieder,
»Sie giebt nur Freude Gott zum Ruhme.
Wie aber du? es liegen ganz danieder
Die Herzen, die dir angehangen,
Durch deinen Zauber wie gefangen.
Gesündigt haben sie, gelitten,
Vernichtung folgte deinen Schritten.
Denn keiner ist, in dessen Leben
Nicht Segen oder Fluch gegeben. –
Ja lieblich glänzt dein schönes Haupt,
Zur Freude und zum Glück geschmückt;
Nie hab ich an den Fluch geglaubt,
Der deine reine Stirne drückt;
Allein du wardst auch mir zur Sünde.
Ach hättest du nur deinem Kinde,
Nur meinem Bruder mehr gehört;
Nie hätte irrend und bethört
Mein Herz sich ihnen abgewendet
Und nur zu dir sich hingekehrt.

Simplizitas, mein Leben endet. –
Wo ist dein Kind? wo sind die Herzen,
Die Gott in Liebe dir verbunden?
Geh, suche sie mit heißen Schmerzen,

Und wenn das Deine sie gefunden,
Dann lächelt dir die Lust, die echte,
Und deiner Schönheit Zaubermächte,
Sie werden segnend dich begleiten
Und dir und andern Glück bereiten –«

Noch einmal legte er die Hand, die bleiche
Auf ihres Hauptes Haar, das reiche –
Es standen weinend um Armin
Die Leute, die ihm dienten und ihn liebten.
Er reichte Jedem seine Hand noch hin
Und tröstete die Tiefbetrübten.
Doch als er sich zum Bruder wandte,
Da war es nur der Name, den er nannte;
Der aber, der sein Herz darin erkannte,
Er bog sich bebend zu ihm nieder,
Ob auch der Tod sie trennt – er hat den Treuen wieder.

Vor ihnen lag auf ihren Knien
Simplizitas und lauscht den Liebesreden.
Es öffnete der Herr sein heilig Eden
Vor ihrer halbbewußten Seele
Und zeigte, welch ein Glück ihr fehle;
Dem Engel gleich, der ausgestoßen schmachtet,
Weil er des Himmels Seligkeit verachtet.
So liegt sie da, von Sehnsucht heiß umweht
Nach jener Liebe, die sie oft verschmäht. –

Sie kann jetzt gehn, wohin sie mag,
Und keiner wird mehr nach ihr fragen,
Sich keiner freun an ihrem frohen Tag
Und keiner sich um ihren bösen plagen. –
Die Alte sucht sie wild hinwegzuziehn. –
Allein sie bleibt auf ihren Knie'n,
Den Blick zum Sterbenden gewandt,
Wie angewurzelt – festgebannt. –
Umsonst wird sie ihr Glück versprechen,
Für jede Unbill sie zu rächen.

Sie bleibt und spricht kein Wort
Und blickt auf Jene fort und fort.

Da rafft die Alte Schmuck und Gold zusammen,
Die Augen leuchten ihr wie Flammen. –
»So bleib Simplizitas zurück,
Ertrag dein elendes Geschick
Und lerne, wie die Menschen lieben.
In Schmerzen wird dein Glück erscheinen;
Die Augen füllt es dir mit Weinen,
Dann ist's zu spät, denn bist du heut geblieben,
Ist dir der frohe Sinn für immerdar vertrieben. –«

Sie ging, – und als der Mond den Schein verlor,
Da stieg ein grauer Tag empor. –
Und nach dem Schlosse zog ein düstrer Zug;
Sever fast bleicher als der Todte, den man trug,
Ein Schein, ein Schatte nur des Lebens,
Ihr rieft ihn an; ihr spracht vergebens. –
Die Seele schien dem Bruder nachgezogen,
Von Erdenfesseln frei zum Himmelsbogen.
So lag er lange krank und ohne nur zu wissen,
Daß ihm der Theure sei entrissen –
Er ahnte nicht einmal, an welchem Tage
Man ihm den einz'gen Freund zu Grabe trage.

Am Fenster stand Simplizitas,
Wie war es draußen kalt und naß,
Kein Hälmchen, nicht das kleinste Gras.
Der Himmel löst sich ganz in Flocken auf,
Sie fallen endlos, dicht zu Hauf,
Als sollte alles farblos werden
Auf Erden.
Auch ihr ist kalt und winterlich zu Muth,
Es schleicht der Frost sich in ihr Blut.
Erst drang sie leise zu dem Kranken,
Die Seele voll von freundlichen Gedanken,
Wie sie ihn warten wolle, wolle pflegen,
Den Trank bereiten und die Kissen legen. –
Er aber wandte sich von ihr und schrie,
Mit bösen Namen rief er sie;
Aus ihrem Anblick schöpfte neue Wuth
Des Fiebers ungehemmte Gluth.
Nichts kann sie helfen, nichts bereiten;
Die Leute meiden sie. – Von allen Seiten
Fühlt sie ein kaltes, starres Hassen. –

Ja einsam lebt sie – – einsam und verlassen. –
Oft lauscht sie bang an seiner Thüre,
Ob er sich rühre,
Dann hört sie wohl in tausend Weisen,
Daß er den Bruder ruft, als käm er heim vom Reisen.
Wie jede Zärtlichkeit, dem Kinde einst erklungen,
Erwacht und scheint mit Engelzungen,
Durch all dies schwere Leid hindurchgedrungen.
Sie aber führt kein Weg zu diesem Herzen,
Fern seinen Freuden, bleibt sie's auch den Schmerzen.

So gingen hin vier trübe Wochen,
Doch endlich war des Fiebers Kraft gebrochen,
Zu leben schien er, zu genesen.

Doch nicht er selbst ist es gewesen,
Ein Andrer war's an seiner Statt.
Denn Tage giebt es, die verwandeln,
Wir können nicht wie sonst mehr handeln.
Und wie ein Tag des Körpers Leben endet,
So ward ein Tag der Seele auch gesendet,
An dem du sie für hier ersterben siehst;
Dann wartet sie, nach oben hingewendet,
Des Lebens, das sich droben ihr erschließt.
Stumm saß er da im Wintersonnenschein
Und sog den warmen Strahl begierig ein.
Im Schlafe lag bis jetzt sein Sinn,
Das war für ihn wohl nur Gewinn.
Jetzt kennt er auch Simplizitas nicht mehr. –
Er sieht sie an so fremd und leer;
Sie kann den Blick fast schwerer tragen,
Als Jenen aus den Fiebertagen.
Die Hoffnung stirbt daran, die unbewußt
Gestillt die Sehnsucht ihrer jungen Brust.

Zu seinen Füßen lag Simplizitas. –
Ihr Recht, ihr liebster Platz ist das,
Denn seit Sever sie nicht mehr kennt,
Da leidet sie nicht mehr, daß man sie trennt.
Sie müht sich, seine Wünsche zu errathen
Und ihm gehört sie ganz, Gedanken so wie Thaten.
Ob freudlos auch der Tag verging,
Sie sehnt sich nie von seiner Seite.
Und mehr und mehr scheint ihr gering,
Was sonst ihr kindisch Herz erfreute.

Von seiner Strenge ist ihm nichts geblieben,
Sie darf den Armen, Hülfsbedürft'gen lieben.
Und wie uns theuer wird ein Kind, das wir versorgen,
So steigert jeder neue Morgen
Den heißen Wunsch, ein Lächeln zu erreichen,
Ein freundlich Wort und ein Erkennungszeichen. –
Das goldne Haar hielt sie bedeckt
Und ihre Schönheit fast versteckt,

Damit sie seinen Groll nicht weckt; –
Doch nicht an sie hat er gedacht,
Denn dunkel ist es um ihn her und Nacht.

O welche Wonne, wenn der Treugepflegte
Uns endlich wieder kennt ... und fand,
Wer Tag und Nacht an seinem Lager stand;
Wie streichelt er die liebe Hand,
Die schon wie Heilung sich auf's Haupt ihm legte.
Wie schön, wie lieblich dünkt ihm das Gesicht,
Ob es auch aller Schönheit sonst gebricht.
Und arm und dürftig stehn daneben
Die Anmuth und die äußre Schöne;
Was können sie dem Elend geben,
Daß es mit seinem Loose sich versöhne.

Simplizitas, bald wird die Seele wach, –
Dein herrlich Antlitz wird er bald erkennen.
Doch weite Ferne wird euch trennen,
Ob euch auch hält das nämliche Gemach;
Denn wer den Garten, den ihm Gott vertraute,
Nicht pflegte und nicht selbst bebaute,
Der wird ein Fremdling und ein Gast darinnen
Und mühsam muß er ihn zurückgewinnen.

Er öffnet seine Lippen – sprach er nicht von ihr?
Von ihr! und weiß er nicht, daß sie so nahe hier? –
Ja träumend lebt er neu die schönen Stunden,
Als er im Klostergärtchen sie gefunden;
Und wieder giebt er ihr die Namen,
Die sonst so gern auf seine Lippen kamen. –
Es schlägt ihr Herz – sie wagt sich scheu heran, –
Er sieht sie starr und zweifelnd an,
Betastet mit der Hand ihr holdes Haupt.
Ob er sie kennt? – – sie hofft es fast – sie glaubt ...
Da löst das Band sich von den Haaren,
Sie quellen wie ein Strom hervor,
Die goldigen, die lichten, klaren;
Er kennt sie – – ja er fährt empor,

Er wehrt sie ab – er stößt sie fort
Mit wildem, trauervollem Wort.
Er nennt den Abend, nennt den Ort,
Er spricht von Tod, er spricht von Mord
Und halb entseelt legt man ihn nieder –
Da ging zu ihm Simplizitas nicht wieder. –

An einem Tag im März ... am Morgen,
Da stand sie auf, und still verborgen
Saht ihr sie aus der Pforte gehen.
Sie ging und ging und blieb nicht stehen,
Und niemand sah sie rückwärts sehen.

Schwarz war der Weg, auf dem die Arme ging,
Kaum daß ein Blättchen schon am Baume hing.
Und öd und leer zog sich der Pfad,
Grad wie ihr Leben, kahl und grad.

Sie wanderte gedrückt und still,
Wie Einer, der nach einem Ziele will.
Auf ihrer Schultern schöner Fülle
Ein Bündelchen und eine wollne Hülle.

Vor einer Hütte blieb sie stehn
Und sehnsüchtig begann sie zuzusehn,
Wie auf dem Schooße seiner Pflegemutter
Ein Kindchen süße Milch bekam.
Es sperrt das Mäulchen auf nach Futter,
Noch eh die Hand den Löffel nahm.
Den Spatzen gleich, die, listige Gesellen,
Sich recht gewaltig hungrig stellen,
Damit der Spaß sich möge oft erneun;
Denn hier heißt essen Herz und Mund erfreun.

Ein elend Kindchen war's, so zart gegliedert,
Fast wie ein Vögelchen, das fiedert;
Doch lustig hat es jetzt den Kuß erwidert
Und fest sich an die treue Brust geschmiegt,
Bei der sich's gar zu wohlig liegt.

Das alles sah Simplizitas von ferne
Und blickte hin, wie nach dem letzten Sterne.
Doch langsam tauchte auf in ihren Zügen
Ein seliges, ein lächelndes Genügen -

Ihr Kindchen ist's – – und ihr allein
Soll es fortan noch sein.

Wie freudig tritt sie ein und spricht: »Gott grüße. –
Mein Kindchen will ich! – gebt mir jetzt das Süße.
An meinem Herzen soll es fürder liegen
Und keiner darf es mehr um diesen Platz betrügen. –«

Die Frau weicht zürnend, fast im Schreck zurück,
Sie mißt sie scharf mit hartem Blick.
Ihr Kleinod fordert sie, ihr Lebensglück!
Aus welcher Macht! mit welchem Recht!
Vergessen war's vom eigenen Geschlecht.

Als sie das Kleine auf dem Schlosse nährte,
Da starb das Ihre – das, wofür allein
Sie all den hohen Lohn begehrte.
O welche Strafe! welche bittre Pein!
Doch nahm der Pflegling leis' die Stelle ein,
Er schlich sich heimlich in dies arme Herz hinein.
Und diesen Trost! – dies – ihrer Seele Leben!
Soll sie Simplizitas heut wiedergeben!
Warum hat denn die Mutter früher nie
Um diesen heil'gen Platz mit ihr gestritten?
Nicht mitgetragen all die Müh?
Nicht all die Sorgen mitgelitten?
Hat sie das Kind nicht schwer genug erworben
Durch schlimme Tage und noch schlimmre Nächte?
Und wär das Kind nicht ohne sie gestorben?
Giebt denn das Alles keine Rechte? –

»Simplizitas!« begann die Frau,
»Verstoßen seid ihr und ich weiß genau,
Vom Schlosse her wird keiner für euch sprechen. –
Laßt mir das Kind. – Wollt ihr das Herz uns brechen?
Seht, wie mich's krampfhaft fest umkrallt,
Wollt ihr die Händchen öffnen mit Gewalt?
Am kranken kleinen Ding schien wenig euch gelegen,
Wißt ihr's doch kaum zu halten und zu pflegen.
Und nehmt ihr's mir, wird's fast zu Tod sich weinen,
Denn seiner Mutter nehmt ihr's, wird es meinen.«

Die Arme aber streckte beide Hände
Nach ihrem Kinde aus, daß es sich zu ihr wende.
Sie faßt es an – – sie sucht es zu bewegen,
In ihre Arme sich zu legen;
Das aber wehrte schluchzend sich dagegen –

Erschreckt und starr steht dort Simplizitas,
Die Wange noch von ihres Kindes Thränen naß.
Sie sprach kein Wort mehr ... barg ihr Angesicht und
weinte,
Als ob sie sich in Thränen aufzulösen meinte.

Da rührte sie das Herz der Frau;
Auch ihre Augen füllt ein milder Thau,
Sie sprach: »Bleibt hier, – – denn was euch trennt –
Ist, daß der arme Schelm die Mutter gar nicht kennt.«

Simplizitas blieb da – gedrückt schlich sie umher,
Kein froher Spaß gelingt ihr mehr,
Kein Lächeln, um ihr Kind sich zu gewinnen;
Sie wagt nicht um dies kleine Herz zu minnen –
Und eines Tages steht sie scheu und blaß
Vor ihr und spricht: »Ich geh – doch nicht aus Haß,
Aus Liebe zu euch beiden.
Ich will euch nicht mehr scheiden. –
Ich hab kein Haus, ich hab kein Dach,
Ich habe nichts als Ungemach;
Und ihr, ihr habt das Haus, das Dach und ach!
Ihr habt nicht das allein,
Ihr habt noch mehr, ihr habt sein Herz.
Gewonnen habt ihr's euch im Schmerz;
Ich aber ließ es euch in Noth und Pein,
So muß es nun als Lust auch euer sein.«

Erschüttert lauscht die Frau und die gefurchten Wan-
gen
Ist Thrän auf Thrän hinabgegangen. –
Wo blieb ihr Recht? – sie weiß es nicht,
Sie hört die Mutter nur, die spricht, –

Sie denkt an ihr begrabnes Kind,
Es ist, als sagt es leis' und lind:
»Wenn sie es liebt, ist's nicht mehr dein,
Gieb es ihr hin, sei wieder mein. –«

Sie sprach: »Es schläft – da nehmt es hin! seid sacht!
Ich weiß nicht, welche neue Macht
Das Herz mir nimmt und mich verwandelt,
Mir ist's, als hätt ich schlecht an euch gehandelt.
Ich seh, ihr liebt jetzt euer Blut,
Und wo ein Kind im Mutterarme ruht,
Da ist's am Besten, – da ist's gut –
Nicht könnt ich seiner mich erfreu'n,
Mich würde jedes Lächeln reu'n,
Gedächt ich eurer einsam und allein;
Nein seit ihr's liebt, da ist es nicht mehr mein.
Gut daß es schläft, sonst würd es schrei'n;
Ich würd euch hier behalten, doch ihr wißt,
Wie mir das Kind anhänglich ist;
So habt ihr's leichter, daß es mich vergißt –
Und bin ich selber auch nicht reichlich dran,
Hoff ich, daß ich euch später helfen kann. –
Doch wartet bis ich seine Röckchen,
Ein wollnes Deckchen und die warmen Söckchen
Zur Reise euch zusammenbinde –«

Sie ging hinein – nahm aus dem Spinde
Die Kleiderchen, die kleinen alten,
Und zitterte und konnte sie kaum halten;
Denn ihre abgetragnen Falten
Erzählten gar zu viel von ihrem Kinde,
Welch großer Schatz dies kleine Ding gewesen
Und wie sie ohne seine Hülfe nie genesen.

Geschäftig geht sie hin und her,
Sie küßt das Kind, das schlafende, nicht mehr
Und bringt fortwährend neue Gaben,
Die Beiden für den Weg zu stärken und zu laben.

Nun sind sie fort – schon lange fort; –
Doch immer steht sie an dem Wege dort.

Und schweigend geht die Mutter mit dem Kinde,
Sie schützt es zärtlich vor dem Morgenwinde,
Sie zieht es nah und näher an die Brust,
Damit sie auch des Glück's sich werde recht bewußt.
Vor Einem zitternd, wenn es nun erwacht:
Daß es ihr Antlitz weinen macht, –
Dies schöne Antlitz hell und sonnig,
Für alle anzusehn so wonnig.

Jetzt schlägt's die Augen auf, – es hat gelächelt;
Das goldne Haar, vom Wind gefächelt,
Kam in das Händchen ihm, da hielt es fest
Und krähte gleich dem Vögelchen im Nest
Und lächelte und jauchzte wieder –
Und zog das schöne Antlitz zu sich nieder.

Erst wagt sie kaum mit ihm zu scherzen,
Wagt's kaum zu küssen und zu herzen.
Hat sie doch beides fast vergessen,
Es schien ihr sündlich und vermessen,
Vor ihrer Lieblichkeit begann sie sich zu scheuen,
Allein ihr Kindchen scheint's zu freuen;
Und ist es erst ein wenig noch erschrocken,
Bald zaust's getrost die golddurchblitzten Locken.

Sie suchte Arbeit – scheute keine,
Jetzt dünkt ihr Freude, schaffen für das Kleine.
Nur nicht zum Dorfe wagt sie sich hinein; –
Sie fürchtet sich, – doch nein! –
Sie fürchtet für ihr Kind allein.

Im Anfang fand sie gute Leute
Und manches Stückchen Brod für heute.
Doch bald ach gab es finstre Mienen,

Mit einem Kind ist's schwer sein Brod verdienen.
Und was als Segen ihr erschienen,
Das nannten sie nur Last und Noth,
Weit besser wär das arme Würmchen todt.

Und weh der Armen, wenn der Eine und der Andre
Erkannte, wer hier so verlassen wandre.
Dann schlossen sich die Thüren alle,
Kaum gab es noch ein Obdach in dem Stalle,
Und scheu und bebend schlich sie weiter,
Die Angst ihr täglicher Begleiter.
Wohl dem, dem treue Eltern hier den Weg bereiten,
Auf dem die Kinder noch in späten Zeiten
Die Früchte ernten, deren Saat sie streuten.

Da kam der Sommer – welch ein Glück für Beide!
Welch einen Reichthum birgt die Haide –
»Jetzt, Liebling!« sprach die Mutter, »freue dich!
Jetzt ist gesorgt für dich und mich.
Wir wollen ganz alleine wohnen
Im Wald, wo unter grünen Kronen
Die Vogel frohe Lieder singen.
Kein böses Wort soll zu uns dringen;
Und nicht mehr sollst du es entgelten,
Wenn sie die Mutter Hexe schelten.
s'ist gute Zeit jetzt für die Armen,
Der liebe Gott läßt aus Erbarmen
Im Walde durch die Sonnenflammen
Viel Beeren wachsen süß und roth;
Die suchen fleißig wir zusammen,
Verdienen damit unser Brod.
Wir gehen früh von Thür zu Thür
Und fragen, wollt ihr Beeren hier?
Doch heim zum Walde kehren wir.
Ich weiß ein Kämmerlein in Tann versteckt,
Wo uns kein böser Blick erschreckt,
Dort schlafen wir von Gottes Näh bedeckt.
Und sind wir Abends dann allein,
Wer wird wie wir so glücklich sein!«

Sie gingen in den Wald hinein,
Der unter frischbegrünten Zweigen
Schien Lust auf Lust zu zeigen.
Nun sind sie da – es sind dieselben Mauern,
Die einst gefangen sie gehalten. –
Wird ihr vor diesem düstren Ort nicht schauern?
Nein, Liebe wird ihn umgestalten.
Es fliehn vor ihrem hellen Morgen
Die bösen Geister, die dort lauern,
Und lieblich scheinen selbst die Sorgen. –
Wie müht sie sich, ein Lager zu bereiten,
Des Feuers Gluthen zu entzünden,
Damit das Kleine ja bei Zeiten
Die Nahrung möge fertig finden.
Hier wird sie klug, – hier wird geweckt
Die Seele, die der Nebel deckt.
Ihr Geist versucht die jungen Schwingen,
Scheint er auch wenig heut noch zu erringen,
Der Liebe muß zuletzt das Größte auch gelingen.

Reich erscheint Simplizitas sich hier,
Alles blüht und alles lächelt ihr.
Neben ihr im Grase spielt ihr Kind,
Glücklich, wie nur Kinder sind. –
Alles sind ihm Herrlichkeiten,
Käfer, die die Flügel breiten,
Schwirrend schillernde Libellen
Auf des Lichtstrahls goldnen Wellen ...
Geht die Sonne – kommt der Stern,
Steht im Glanz am Abendhimmel,
Leuchtend durch das blinkende Gewimmel,
Bald so nah und bald so fern.
Schlafend liegt das Kind Simplizitas zur Seite,
Neben ihr ein Lichtchen und sie schafft,
Daß sie sorglich alles sich bereite,
Kräuter ordnend nach der Heilungskraft,
Die sie Tags zusammenrafft,
Um sie Morgens schon bei Zeiten
Fortzutragen auf dem Weg, dem weiten.
Und dann nimmt sie noch ihr Rädchen,
Spinnt und zieht die weißen Fädchen
Oftmals durch die ganze Nacht,
Die sie manches Mal durchwacht,
Daß ihr Kindchen fröhlich lacht,
Wenn am Morgen sie ein Weckchen
Oder nur davon ein Eckchen
Ihm zur Freude mitgebracht.
Draußen ruft Frau Nachtigall,
Füllt die Seele ihr mit süßem Schall.

Eines Tages spielten sie zusammen,
Spielten, wie im Walde, – Sonnenflammen,
Die mit ihren lichten Gluthen
Alles Trübe überfluthen. –
Freudig jauchzt des Kindes rother Mund,

Frisch von Lippen, lächelnd und gesund
Thut es tausend Mal euch kund,
Bald durch Worte, bald durch Küsse,
Daß das Kind aus Herzensgrund
Seine Mutter lieben müsse.
Und sie sagt ihm, daß sie's wisse!
Sagt's! und möcht es vor Entzücken
Fast erdrücken. –

Es steht von fern – die beiden ahnen's nicht,
Ein Mütterchen – im Schatten, fern dem Licht,
Dem Schatten gleichend, farblos, grau und schlicht –
Und sonn- und freudlos sein Gesicht.

Sie war's, die um Simplizitas den Sohn verloren, –
Den Einzigen, den sie geboren. –
Sie kennt dies Antlitz, kennt dies Lachen
Und fühlt der alten Wunden Schmerz daran erwachen.
Mit durst'gen Augen sieht sie hier das Glück
Und wendet dann den trüben Blick
Auf ihr zerstörtes Leben herb zurück, –
Wie ihr lebendig heut erscheint
Ihr theures Kind, um das sie weint.
So lachten auch die Augen ihm, die klaren,
So glücklich war es auch in seinen Kinderjahren,
Und gleiche Freuden hat auch sie erfahren. –
Doch wie sie heut um ihren Geist sich schaaren,
Sind sie in Schmerz und Leid zerronnen,
Und nichts als Neid hat sie gewonnen.
Sie hinkt gedrückt und mühsam fort,
Wenngleich auf ihrem Wege lag der Ort,
Man sah sie niemals wieder dort.

Und wieder kam der Herbst und wieder
Sank welk der Schmuck der Erde nieder. –
Die sonst so lieblich grünen Auen
Wie dürr, wie elend anzuschauen.

Nur jenen Platz, den unheilvollen,
Den schmückt des Herbstes wildes Grollen. –
Wie mächtig herrscht der Kühne droben
In Fluthen, die wie Donner toben;
Wie wühlt er in dem Gold der Blätter
Mit seinem tollen Sturmeswetter.
Und seine Krone sind die Eichen,
Die mit den Zacken, mit den bleichen
So geisterhaft zum grauen Himmel reichen.

Seit jenem Tag hat Einer nur allein
Den Platz betreten – war er doch wie sein.
Aus den geheimnißvollen Tiefen
Da war's, als ob ihm liebe Stimmen riefen,
Die sprachen nicht wie dort die Welt,
Die keinem Schmerze Treue hält. –
»Leb auf! Vergiß!« sie riefen; »komm, sei uns gesellt,
Hier klagt mit dir der Strom, der Wald!
Hier ist des Jammers Aufenthalt! –«
Das war die rechte Melodei
Für seines Herzens wilden Schrei. –

Und tagelang lauscht er dem Stöhnen,
Dem Ringen und den Schmerzenstönen
Der sterbenden Natur. –
Oed wird sein Herz – dürr gleich der Flur –
Fern aller Lebensluft und Lebenshelle,
Verzweiflung wohnt auf seiner Schwelle,
Und nur der Tod scheint ihm noch werthe Gabe.

Vergessen war, wofür er leben sollte,
Daß er ein Kind, ein armes Kind noch habe;
Ein Kind, das leben, lächeln wollte,
Und dessen Dasein er wie Gottes Sonne
Erfüllen könnte ganz mit Blüthenwonne.
Simplizitas, verstoßen und verlassen,
Umsonst bemüht die Hand zu fassen,
Mit der er Treue ihr geschworen, –
Gestorben ist sie ihm, – verloren –

So saß er heute auch und starrte in die Brandung,
Die jäh vom Abhang riß des Laub's Gewandung.
Da hört er – zürnend hört er's – Tritte,
Und aufwärts klimmt mit festem Schritte
Die Bauersfrau, die herzenswarme,
Die einst genährt sein Kind, das arme.

In derbem Tone hub sie an zu sprechen:
»Sie sagen: euch zu stören sei Verbrechen,
Ich aber meine, das sei Sünde,
Wenn man Simplizitas mit ihrem Kinde
Verließe, daß sie vor dem Winterwinde
Nicht Schutz noch Obdach finde. –«

Da ließ Sever sie zornig an:
»Wo blieb das Kind? zu dir war es gethan!
Dir war das Kleine übergeben –«

»Ich liebt es«, sprach die Frau, »mehr als mein Leben!
Doch als die Mutter es von mir verlangte,
Da gab ich's hin – so sehr mir darum bangte,
Sie gingen beide in die weite Welt;
Zwei Kinder sind es, die nicht wissen,
Wie man erwirbt das Brod, das Geld,
Und wie man zählt die theuren Bissen,
Zusammenflickt was sonst zerrissen;
Verloren sind sie ohne deine Hand,
Verloren wie im Meer ein Körnlein Sand.«

Da sprach er: »Geht! laßt Gold euch geben,
So viel ihr wollt für beider Leben,
Ich will nicht, daß sie Armuth leiden,
In Sammt und Seide mögen sie sich kleiden.
Ich habe nur ein einzig Gut,
Das ist die Einsamkeit, in der mein Herz hier ruht.
Ich geb es nimmermehr in ihre Hände,
Daß sie mein Lebensglück zum zweiten Mal ver-
schwende.«

Da wandte sich die Frau zum Gehn,
Doch halbgewendet blieb sie stehn.
»Was soll das Gold? was soll es ihnen frommen,
Zum Betteln bin ich nicht gekommen.
Nie hätt ich diesen Weg genommen,
Wüßt ich die Arme selbst zu finden;
Mit ihrem Kinde sah ich sie verschwinden
Und Keiner weiß, wo sie geblieben,
Ihr habt in's Elend sie getrieben,
Und könnt ihr Weib und Kind darinnen lassen,
Mag bittre Reue einst euch fassen. –«

Sie ging – er fühlt sich wie gelähmt, gebunden,
Ermattet gleich dem Todeswunden,
Dem Einer sagt er soll gesunden.

Leuchtend in dem schimmernden Gewande
Lagen tiefverhüllt vom Schnee die Lande;
Funkelnd glänzte eine kalte Sonne,
Ohne Wärme, ohne Wonne;
Weiß auf ungemessnen Strecken,
Keine einzige Blume zu erwecken,
Ihre strahlenden Brillanten,
Die ein falsches Feuer sandten,
Blendeten mit ihrem Glanze. –

Vielen bringt der Winter Freuden,
Ruft die Fröhlichen zum Tanze,
Und er schmückt für reiche Feste
Glänzend Häuser und Paläste –
Armen aber bringt er Leiden,
Armen bringt er nichts als Kummer,
Trostlos wird für sie der Erde Schlummer;
Nicht mehr öffnet sie die milde Hand,
Die doch hie und da den Hunger abgewandt,
Nicht mehr wärmt sie mit der holden Gluth
Frost'ge Glieder, arm an Blut;
Todt und hin ist all ihr Gut.
Trostlos sehn sie nach dem Himmel,
Sehn der Flocken endloses Gewimmel;
Festverschlossen alle Gnadenpforten,
Ausgestoßen stehn sie dorten.

Mit ihrem Kinde darbt Simplizitas;
Von Thränen oft ihr Auge naß,
Weil sie des Kleinen Ruf nach Brod
Nicht stillen konnte, denn die Noth
War ihr Gefährte jetzt, bei Tag, bei Nacht,
Mit ihr im Schlaf, mit ihr erwacht –

Im Winter ist die Arbeit selten,
Nur wenig gab man ihr und meist mit Schelten.
Sie ging einher, verhüllt und wie verborgen
Durch ihres Elends jämmerlich Gewand,
Versteckte ihre bittren Sorgen,
Damit man nur ihr Kind nicht lästig fand.

Im Dorfe wagt sie nicht zu bleiben,
Man traut ihr nicht, bewacht ihr Thun und Treiben.
Zum Walde drängt sie Furcht und Scheu,
Dort ist sie doch von dieser Sorge frei.
Und mühsam sucht sie ihren Weg im Dunkel,
Schon dankbar, wenn ein Sternchen mit Gefunkel
Ein wenig leuchtet, daß sie leichter finde
Ihr elend Obdach mit dem Kinde. –

Wie eng sie's in der Kälte an sich zieht,
Bis ihr das Herz so heiß in Liebe glüht,
Daß sich das Kind an seiner Gluth erwärmt
Und nicht mehr schreit und nicht mehr lärmt.

Dunkel war's – und endlos sank der Schnee
Nieder von der kalten Höh,
Nieder auf Simplizitas, die voll von Weh
Heimwärts ging zum Waldesschatten. –
Mühsam ging sie mit dem Fuß, dem matten
Auf dem Pfad, dem eisig glatten.
Dann und wann ermuntert sie das Kleine
Mit des Auges treuem Scheine;
Frierend, zitternd birgt es seine Glieder,
Duckt das Köpfchen immer tiefer nieder;
Aber eisig dringt der Frost hinein,
Kaum noch regen kann sich's, kaum noch schrei'n.
Immer fragt es nur allein:
»Mutter, werden wir nicht bald zu Hause sein?«
Und die arme Mutter sagt nicht nein.
Wie sich Pfad um Pfad verstricken
Vor den trostlos irren Blicken,

Ach verloren sind die Armen,
Mag sich Gott der Elenden erbarmen!

Geisterhaft umgiebt sie rings der Wald,
Pfadlos, farblos, starr und kalt.
Zitternd steht die liebliche Gestalt,
Fragend schweift ihr holder Blick;
Plötzlich strahlt er. – – welches Glück!
Jauchzend küßt sie ihre Kleine,
Zeigt ihr, daß ein Licht erscheine. –

Dunkel war's, – doch wie ein Gottesbote
Taucht ein Lichtchen auf, das rothe;
Zaghaft sendet es sein Blinken
Durch den Wald, als wollt es ihnen winken. –
Zitternd schimmerte der Strahl
Wie in thränenschweren Blicken,
Zitternd dämmert das Entzücken, –
Muthig dringt die Mutter weiter,
Jener Stern ihr Trost und ihr Begleiter. –

Endlich hat sie ihn erreicht. –
Weshalb zögert sie? – – erbleicht,
Weshalb fängt sie an zu weinen?
Freundlich lockt des Lichtes Schimmer,
Warm und goldig schleicht sein Scheinen
Sich hervor aus trautem Zimmer,
Weshalb steht sie an der Thür noch immer?

Steht und weint und sagt der Kleinen:
»Komm, ich wärme dich in meinem Schooß,
Ausgestoßen sind wir, obdachlos;
Diese Thür bleibt uns verschlossen,
Bleibt verschlossen meinen Schmerzen,
Wie darinnen mir die Herzen.«

Und die Tannen seufzen gleich Genossen,
Schütteln eis'ge Schauer von den Wipfeln,
Die wie starre Thränen aus den weißen Gipfeln

Auf die Beiden niederflossen. –
Doch das Kind in lieblichem Vertrauen
Hebt das Haupt, das goldbekränzte;
Lächelnd sucht's umher zu schauen,
Sieht das Lichtchen, wie es glänzte.

»Mutter«, sprach es, »gehe, klopfe an,
Sicher wird uns aufgethan.«

Und sie fühlt des Kindes Glauben
Ihr die Angst, die feige, rauben,
Klopft mit zitternd schwachem Finger;
Klopfte doch ihr Herz geringer –

Leise thut sich auf die Thüre,
Leise, gleich als ob man spüre,
Daß sich dort ein Unheil rühre. –
Vor ihr steht die Alte und in Träumen
Summen seine Vögel süße Lieder.
Ja sie sieht des Jünglings Mutter wieder,
Sieht die Hütte mit den Tannenbäumen. –

Hoch erhebt die Alte ihre Leuchte; –
Als der Strahl das Gold der Locken zeigte,
Fuhr sie schreckensvoll zusammen,
Zuckend gleich des Lichtes Flammen. –

Jammernd fleht Simplizitas um Obdach,
Und das Kindchen jauchzt in Freuden,
Streckt die Händchen aus, die beiden
Nach dem schützenden Gemach.

Worte fand die Alte nach und nach,
Trostlos klang es, als sie sprach:
»Nicht mehr scheinst du mir zu wissen,
Wer hier sterbend vor mir lag
An dem nievergessnen Tag,
Als du mir mein Herz zerrissen.
Grade so stand ich vor dir, –

Taub und hart warst du zu mir;
Grade so hab ich gelitten,
Als ich dort mit heißen Bitten
Für mein Kind umsonst gestritten.
Geh vor eine andre Thür!
Mitleid find'st du nimmer hier!
Geh, Simplizitas, von hinnen,
Niemals wirst du Eintritt hier gewinnen!«

Schweigend beugt Simplizitas das Haupt im Jammer
Und es schließt sich ihr die Thür der Kammer.

Schluchzend fängt das Kleine an zu schrei'n,
Keinem Troste will es sich mehr leihn.
»Mutter, wärme mich, ich friere!
Oeffne! öffne mir die Thüre.«

Sehnend blickt die Mutter nach dem Licht,
Küßt der Kleinen thränendes Gesicht.
Drei Mal klopft sie an die Pforte
Mit des Herzens tiefstem Jammerworte –

Stille bleibt es drinnen wie der Tod, –
Nur das Lichtchen schimmert warm und roth,
Gleich, als wollt es auf ihr Fragen
Freundlich Antwort sagen.

Doch die Alte sitzt bei seinem Scheine –
Traurig sitzt sie da – alleine – –
Und sie hört das leise Klopfen,
Zählt die bittren Thränentropfen,
Die den Sohn, den ewig Theuern
Heut mit ihrem Schmerze feiern.
Und sie glaubt ihn fast zu schauen,
Lieblich wie ihn Gott ihr schenkte. –
Warum wandelt sich in Grauen
Oft ihr Blick – der starr gesenkte? –
Scheint ihr doch, als ob ihr Söhnchen trüge
Jener Kleinen bleiche Züge;

Machtlos ringt sie mit der Lüge.
Nein! sie sieht ihr Kind nicht mehr,
Jenes dort scheint ihr's zu werden,
Das mit bittenden Geberden
Flehend reckt die Händchen her,
Und das Köpfchen sinkt ihm schwer.
Leiden sieht sie's, sieht's erkranken,
Sieht es sterben in Gedanken.

Wirr, geängstet lauscht sie zitternd,
Ja noch dringt der Klageton erschütternd
Durch die stille, kalte Nacht.

Und ihr alter Haß erwacht, –
Und sie geht umher im Zimmer,
Ruhlos, friedenlos wie immer.
Ganz erfüllt sind rings die Wände
Von des Todten Angedenken,
Angefüllt von den Geschenken,
Die er gab in ihre Hände.
Zitternd nimmt sie bald das Eine,
Bald das Andre von dem Orte,
Küßt es, murmelnd Liebesworte. –
Fleht, daß Gott sie bald vereine, –
Ganz dem Schmerz dahingegeben
Weiß sie kaum vom eignen Leben –

Plötzlich lauscht sie angsterfüllt,
Ward der Klageton gestillt?

Draußen liegt ein tiefes Schweigen
Auf den nachtumhüllten Zweigen.

Wieder sieht sie hell im Geiste
In dem Kind ihr eignes sterben,
Sterben sieht sie es ... verderben.
Keiner, der ihm Hülfe leiste.
Bebend nimmt sie ihre Kerze,
Rechnet nicht nach ihrem Schmerze;

Geht und öffnet ohne Worte
Bang die kleine Hüttenpforte. –

Auf der Schwelle lag Simplizitas
Und das Kindchen lag an ihrem Herzen.
Röthlich schien das Licht der Kerzen;
Doch die beiden todtenblaß
Lächeln nicht dem warmen Schimmer,
Lächeln nicht dem hellen Zimmer.
Golden floß ihr Haar hernieder,
Schützend schlang sie's um die kleinen Glieder,
Und es mischen sich die Kinderlocken
Mit hinein wie lichte Flocken.

Doch die Alte rang die Hände,
Säh ihr Sohn dies jammervolle Ende!
Und sie ruft es fast mit Schrei'n:
»Wache auf, ich nehm dich ein! –«
Sucht die Finger zu entfalten,
Die in tödtlichem Erkalten
Noch das Kindchen krampfhaft halten.

Endlich regen sich die Lider,
Schimmernd zeigen sich die Sterne,
Und der Alten ist's, als säh' aus weiter Ferne
Heut ihr Sohn beseligt auf sie nieder.

Schwankend, trotz der Glieder Beben,
Sucht Simplizitas sich mühsam zu erheben.
Stützend steht das Mütterchen daneben,
Führt sie sorglich in die Hütte
Mit dem alterschwachen Schritte.

Es faßt sie Schlaf, der todesgleiche,
Und auch ihr Kindchen liegt, das bleiche,
In ihrer Näh wie eine kleine Leiche.
Im Schooße liegt es ihr, der Alten,
Sie küßt die Händchen ihm, die kalten;
Sie hüllt es ein in warme Decken;

Die kleine Seele zu erwecken
Erscheint ihr jetzt als höchstes Glück.
Wie sehnlich ruft sie sie zurück;
Nur einen Kuß, ein Liebeszeichen
Von diesem Mund, dem friedereichen.

Sie fühlt ihr Herz sich zu der Kleinen neigen,
Als wär's ihr Kind, als wär's ihr eigen,
Und leise fängt das alte an zu glühen,
Als wollt es neuem Frühlingshauch erblühen;
Denn Kinder sind wie Gottesboten,
Mit ihren Mündchen, mit den rothen,
Da sprechen grad die Allerkleinsten
Das Gotteswort am reinsten.

Und plötzlich fängt es an sich zu bewegen,
Die kleinen Gliederchen zu regen, –
Zwei Augen öffnet es wie Fragen,
Die tiefe blaue Farbe tragen
Gleich Himmelsluft in Sommertagen.

Die Alte lächelt – sieh, es lächelt auch,
Geschützt vor jenem eiserfüllten Hauch
Fühlt es sich wohlig hier im Warmen
Und sicher auf den alten Armen.
Doch forschend sieht's nach Kinderbrauch
Ihr in das faltige Gesicht,
Das lächelt wieder hell und licht. –
Nun ist die Freundschaft schon gemacht;
Kein Kindchen fürchtet den, der lacht.
Sie hält den Trank ihm an die Lippen,
Da fängt es wie ein Bienchen an zu nippen.
Sie müht sich Scherze zu ersinnen,
Wie sie sie einst gewußt so viele,
Die Verschen und die süßen Spiele.
Es trieb sie Einsamkeit von hinnen,
Heut aber schwärmen sie wie Elfen
Geschäftig her, um ihr zu helfen.

Die Mutter schläft – sie hat's dem Kind gezeigt,
Den Finger auf den Mund, damit es schweigt.
Sie schläft! o nein sie schlummert nicht,
Ein Lächeln küßt ihr Angesicht.
Und zwischen Wimpern, zwischen Wangen,
In Thränen, die vom Herzen drangen,
Da blieb die Freude wie im Schmerz gefangen.

Noch halb im Traume sah sie die Gestalten,
Sie sah ihr Kindchen auf dem Schooß der Alten;
Sie sah es liebreich dort gelitten,
Erhört die ungestümen kleinen Bitten.
Ein Engelchen, das aus des Himmels Hallen
Mit seinem Stammeln, seinem Lallen
Gekommen heut, ihr zu versöhnen
Dies arme Herz, dies tiefgekränkte.

Erlösend scheint ihr Wort um Wort zu tönen,
Befreiend wie das Kind der Alten Liebe schenkte;
Als habe heut der Herr in seiner Huld
Ihr Herz entlastet einer schweren Schuld –

Und leuchtend steigt zur lichten Bläue
Im Sonnenstrahl der Tag aufs Neue,
Er dringt hinab zur niedren Hütte,
Als wär ein Gott in ihrer Mitte.
Die Vögelchen, die schrei'n dazwischen,
Das Morgenlicht hieß sie erwachen,
Und mit hinein hört man sich mischen
Ein wonnigliches Kinderlachen.

So lebten seliglich die Dreie. –
Die Alte fürchtet nicht, daß sie den Schmerz entweihe,
Wenn sie Simplizitas verzeihe.
Denn Liebe macht das Herz nicht ärmer,
Nur reicher und für alle wärmer.
Wo sie sich wird dem Herzen schenken,
Da stirbt kein liebes Angedenken;
Kein theures Bild wird ihr erblassen,
Wie Sonnenlicht wird sie's umfassen
Und um so heller leuchten lassen.

Es folgt der Alten jetzt das Kindchen
Wie seinem Herrn ein treues Hündchen.
»Gern«, sprach sie, »säh ich's wachsen und gedeihn,
Simplizitas! jedoch ihr seid zu Zwei'n,
Ich möchte gern bei meinem Sohne sein.«

Und als das Frühjahr kam mit frischem Erdengrün,
Schien ihr ein andrer Lenz zu blühn.
Der Körper siechte – doch die Seele
Erwachte jung und voller Kraft,
Als ob sie freiheitdurstend nur die Stunden zähle,
Die sie noch hielten in des Kerkers Haft. –
Zu ihrem Sohne sprach die Alte oft
Und sagt ihm, was sie wünscht und hofft.
»Simplizitas ist hier bei mir,
Mit ihrem Kindchen ist sie hier.
Ich wies sie nicht von meiner Thür,
Nicht wahr, nun darf ich hin zu dir? –«

An einem schönen Maienmorgen
Da stand das Kindchen vor der Kranken,
Das Röckchen voll von jungen Ranken,
Von Knospen, halb in Hüllen noch verborgen –

»Das ist der Frühling«, sprach's, »ich bracht ihn her,
Weil dir das Gehen wird so schwer.«

»Mein Frühling! ja, der wird es werden!
Doch nicht auf Erden.
Im Himmel wohnt er, wenn ich ihn nur finde!
Geh, bitte,« sprach sie zu dem Kinde,
»Daß Gott zwei lichte Flügel mir entfalte,
Um hinzufliegen; – weit, gar weit
Ist's durch die Zeit zur Ewigkeit –«

Die Kleine aber warf sich auf die Alte
Und rief: »Wenn ich dich nun für mich behalte?
Wenn ich dich nimmer von mir lasse,
Dich fest mit meinen Aermchen fasse?«

Von Thränen floß der Alten Auge über,
Sie sprach: »Laß Liebchen mich hinüber,
Mein Sohn ist dort so ganz allein,
Du wirst bei deiner Mutter sein.
Sieh, alle Vögelchen sind dein;
Dir will ich all die kleinen Sänger geben,
Und alles schenk ich heut euch Zwei'n.
In meiner Hütte sollt ihr leben,
Ich habe alles fest bestimmt,
Daß keiner euch ein Plätzchen nimmt.

Komm her, Simplizitas, hier ist dein Kleines,
Dein Unschuldvolles, lieblich Reines,
Das Flügel über mich gebreitet
Und mich zu meinem Sohn geleitet,
Gott segne dich in ihm dafür.
Und mögst du an der Himmelsthür
Einst stehn und selig können sagen,
Gott gab dies liebe Kindchen mir;
Ich hab es sorgend durch die Welt getragen,
Es nie verlassen, nie versäumt,
Den besten Platz ihm immer eingeräumt,
Um keine Lust es je betrogen,

Ihm keine Freude vorgezogen.
Nicht wahr, du wirst uns hier nicht scheiden,
Wir dürfen bei dir stehn, wir beiden?«

Da sprach Simplizitas: »Gott helfe mir dazu,
Daß ich an meinem Kinde also thu!«

»Dir, Liebchen«, sagt die Alte, »läßt der Herr mich ein,
Schick ich zum Trost ein Engelein.
Jetzt geh und mach aus deinen Blüthen
Den schönsten Paradiesesgarten,
Den wird es dir dann helfen hüten. –«

Die Kleine lacht und nickt zufrieden
Und geht des Engelchens zu warten. –

Der helle Glanz des Tages war geschieden
Und goldne Abendlichter streuten
Die Funken aus beim Vesperläuten,
Da sucht die Sterbende die Arme auszubreiten,
Als stünde Einer dort im Weiten
Am lichten wolkigen Gelände,
Zu dem sich ihre Seele wende,
Wie hier der Tag zu seinem Ende.
Sie stammelt: »Kommen soll ich, kommen,
O Herr! – hast du mich aufgenommen?«
Und frohe Botschaft scheint sie zu erwerben,
Denn ihre Lippen lächeln noch im Sterben.

Die Liebe hat die Thür erschlossen,
Sie sprach: »Du bist der Unsern Eine,
Tritt her zur seligen Gemeine;
Ich rechte nicht, wie sündlich oft geflossen
Die bittern Thränen, die du einst vergossen.
Ich zähle nicht nach Sünden, nicht nach Fehlen,
Ich rechne nach der Gluth der Seelen.«

Das Kindchen sieht den heil'gen Schlummer,
Ihm scheint, vorüber sei nun aller Kummer,

Es spricht: »Wie wird sie fröhlich lachen,
Wenn sie, gesundet, beim Erwachen,
Den Garten sieht, den ich ihr pflanze.«

Sie sah ihn wohl im Himmelsglanze,
Und wenn sie bald zu ihres Sohnes Rechten
Die Mutter in das Grab versenken,
So sollst du ihr die Holden alle schenken
Und lieblich sie zusammenflechten
Zu einem immergrünen Kranze.

Stilles Leben, lieblich leicht,
Wo der Tag dem Tage gleicht
Und die Zeit, ein goldner Faden,
Glänzend um die Spule schleicht.

Ein heitres Leben ging durch Wald und Feld,
Es lachte rings die junge Pflanzenwelt.
Kein Knöspchen ward hintangestellt, –
Ein jedes regte sich und blühte
Und fand den Sonnenstrahl, dem es erglühte –

Umschmeichelt von dem holden Scheine
Saß vor der Hüttenthür die Kleine,
Bemüht mit ungeschickten Kinderhänden
Die Krümchen Brod den Vögelchen zu spenden,
Den Zagenden sie weit hinaus zu senden.
Und ihren Finger hob sie oft empor
Und droht, wenn Eins dem Andern kam zuvor.
Es schien so einsam um sie her,
Als wäre sie auf offnem Meer.
Doch leise schlich auf dichtverwachsnem Pfad
Ein Mädchen sich heran, zerlumpt und bat: –

»Ach schenke mir dein Stückchen Brod –
Die Vögel leiden keine Noth,
Ich aber hungre fast zu Tod!«

Da ward das Kindchen dunkelroth,
So viel es suchte, fand
Es keine Krümchen mehr in seiner kleinen Hand.
Schnell faßt's das Mädchen am Gewand:
»Komm, geh mit mir zu meiner Mutter,
Sie giebt den Vögelchen ihr Futter
Und hat für Arme immer Brod genug,
Und auch noch Milch in einem großen Krug.«

Sie traten beide leise ein,
Dort stand Simplizitas im Sonnenschein.
Da stockt die Fremde – hemmt den Fuß erschrocken –
Das sind der Hexe goldne Locken!
Das kann allein
Simplizitas, die Hexe sein!
Und wenden will sie sich, will nicht hinein.
Verwundert blickt das Kind sie an –
»Komm!« rief es froh, »komm nur heran!
Die Mutter hat noch niemand weh gethan.«
Und fest hielt sie Simplizitas umfangen,
Der aber deckte tiefes Roth die Wangen;
Sie sprach: »Zu helfen trag ich nur Verlangen!«
Sie nahm das Brod, sie reicht es ihr entgegen,
Allein das Mädchen zittert ganz verlegen;
Stumm läßt sie es zu Boden fallen
Und »Hexe« hört man ihre Lippen lallen.
Das Kind kennt wohl den Namen kaum.
Es hebt das Brod geschwinde auf
Und reicht es schmeichelnd wieder ihm hinauf.
Und als es lockend rührt der Lippen Saum,
Da überwand der Hunger Furcht und Grauen;
Gesenkten Hauptes, ohne aufzuschauen
Nimmt es das Brod und ißt verstohlen,
Es kommt ein neues Stückchen holen
Und endlich ist es fast gewonnen;
Zu reden hat es scheu begonnen,
Sein schweres Herz dem Mitleid gern enthüllt,
Das ganz Simplizitas, die Gütige erfüllt.
Denn Kinder fühlen echte Herzenswärme
Und ziehen nach dem Süd wie Vogelschwärme –

Simplizitas beklagt, ihr Kind auf ihrem Schooß,
Nun doppelt tief des Mädchens elend Loos.
Wer nur mit voller Seele liebt den Einen,
Dem wird gar bald in seinem Reichthum scheinen,
Als wären alle Darbenden die Seinen.

»Wo blieb die Mutter?« frug sie nun,
»Ich würde gern viel Liebes für sie thun;
Allein mein Anblick ist ihr Leid,
Erinnernd an gar böse Zeit.«

»Die Mutter!« schluchzt das Mädchen, »kennt
Nicht einmal mich, ein hitzig Fieber brennt
In ihrem Hirn, und dann
Hält ihrer Augen Licht der Blindheit Bann.
Die Leute meinen,
Erloschen sei's vom vielen Weinen;
Im Walde liegt sie, nah der Thür,
Denn nicht mehr weiter kamen wir.«

Da sprach Simplizitas: »Führ mich zu ihr!«
Nur wenig Schritte brauchte sie zu gehen,
Da konnte sie ein Elend sehen,
So jammervoll in seinen Nöthen,
Des eignen Glück's macht es sie fast erröthen.

Nur mit Gewalt
Bringt sie hinein die schwankende Gestalt; –
Nun lag sie in der Hütte wochenlang.
Wie sie die Zeiten ineinander schlang!
Bald stand sie mit dem Bräutigam zusammen,
Bald war's das Haus in wilden Flammen,
Bald schien es Lust, bald schien es Leiden,
Doch keine Ruhe war in Beiden; –
Kaum war die Lust vom Schmerz zu unterscheiden.

Zum ersten Mal frägt heut die Blinde
Nach ihrem Kinde:
»Mein Trost und meiner Augen Stern,
Wie bliebst du mir so lange fern?«
Da sprach das Mädchen: »Für und für
War ich bei dir.«

Es schüttelt bang die Müllerin das Haupt.
»Verlassen hab ich mich geglaubt,

Von allen ausgestoßen und verlassen.«
Sie müht sich die Vergangenheit zu fassen,
Sie prüft des Lagers weißes Linnen
Und kann sich, wie sie herkam, nicht besinnen.

»Wo bin ich, Kind? wer hat zur Nacht
Mich auf dies Lager hergebracht?«
Das Mädchen senkt das Haupt und spricht:
»Ach liebe Mutter, frag das nicht,
Nicht erst seit heute liegst du hier geborgen,
Gepflegt vom Abend bis zum Morgen;
Die sanfte Hand, die dich hierher getragen,
Die that es schon vor vielen Tagen –«

Nicht weiter frug die Kranke, lag ganz stille,
Denn ohne Kraft war noch ihr Wille.
Doch als Simplizitas ihr Lager glatt gelegt,
Frug sie: »Wer bist du, die mich hier verpflegt?
Wer hat dein Herz für mich bewegt?« –

Simplizitas steht da im Schweigen,
Sie wagt sich nicht zu nennen, nicht zu zeigen.
»Wer bist du?« fragt die Kranke dringend,
Die treue Hand an ihre Lippen bringend;
Doch leise zieht Simplizitas sie fort.
»Mein Name ist kein Segenswort,
Ich bin wie du verarmt, verbannt; –
Ach laß mich fremd und unerkannt.«

Kaum hörbar war der leise Ton,
Allein die Müllerin erkennt ihn schon;
Sie rafft sich auf – sie ruft verstört:
»Die Hexe! – du! genug hab ich gehört.
Verpflegt von deiner fluchbeladnen Hand,
Das war das Bitterste, das ich noch je empfand!
Laß mich hinweg und ruhig sterben,
Weit besser hinterm Zaun verderben,
Als solche Rettung sich erwerben!«
Und schwankend sucht sie von des Bettes Rand

Sich fortzuhelfen, – doch von Schwäche übermannt
Sinkt sie zurück und liegt gebunden,
Von ihrem Elend überwunden.

Simplizitas pflegt unverdrossen
Den armen Körper, der wie angeschlossen
Auf seinem Lager lag in Banden.
Die Tage und die Nachte fanden
Sie immer dort bescheiden, gern bereit,
So demuthvoll, wenn sie ihm Hülfe leiht.
Und schwerer noch heilt Seele und Gemüthe,
Verbraucht gar viel Geduld und Güte.

Verstockt – verbittert – kann der Müllerin nur Eines
Das Herz noch treffen, – war ihr doch, als hätt' sie kei-
nes,
Die Sorge und die Liebe für ihr Kind.
Sie sah es wohl, war sie auch blind,
Wie hold Simplizitas sich dafür mühte
Und wie das Mädchen neu erblühte –

So wird die Zauberin auch sie bezwingen,
Denn stärker als der Haß ist treues Lieben,
Und wo die Beiden miteinander ringen,
Ist immer Liebe Siegerin geblieben.

Herbstlich färben sich die Blätter,
Aber warm wie Frühlingswetter
Liegt die Sonne auf den Bäumen,
Treiben Blüthen wie in Träumen.

Das Stübchen schwimmt im Sonnenschein,
Die Strahlen dringen tausendfältig ein.
Simplizitas saß dort, von Licht umfangen,
Und neben ihr gesund und frisch von Wangen
Das Mädchen und die Blinde – sorgenlos,
Doch hülfsbedürftig wie das Kind in ihrem Schooß.
Ihr wird die Pflege aber Lust
Und Sorge, Freude unbewußt.

Es steigt daraus empor ein selig Hoffen
Und hält die Himmelsthür ein wenig offen. –
Wie scheint Simplizitas ihr Glück heut groß,
Das Glück, nach dem mit hungrigem Verlangen
Die Seelen durch die Welt oft kreuz und quer gegan-
gen,
Verirrt und müde – hoffnungslos …
Ihm tausend Mal vorübergehn,
Weil sie in seiner Demuth es nicht sehn.
Das Stübchen schwimmt im Sonnenschein,
Die Strahlen dringen tausendfältig ein,
Bald wird kein Fleckchen mehr im Dunkel sein.

O glücklich alle Mütter, deren Pflichten
An ihres Kindes Seite liegen,
Die nur nach ihm sich dürfen richten,
Es warten dürfen, pflegen, wiegen
Zu ihres Herzens völligem Genügen –

Der blinden Müllerin und ihrer Kleinen
Hat heut Simplizitas ihr Liebstes anbefohlen.
Sie muß das Heu der fernen Wiese holen
Und Futter, wachsend an des Waldes Rainen.

Es schläft, so gern sie's herzt – heut thut sie's nicht;
Liegt doch auf seinem lieblichen Gesicht
Die Thräne noch, weil sie es von sich legen müssen;
Nein, lieber will sie es nie wieder küssen,
Soll es den Kuß mit Kummer büßen?

Ach wie Simplizitas sich trennen mußte!
So trennen tausend Mütter sich in Schmerzen
Von ihren Kleinen, sehn sie kaum
Und dürfen sie kaum herzen. –
Es liegt allein, das Unbewußte,
Oft ganz allein in kaltem Raum;
Des Kindes Freuden lernt es niemals kennen,
Der Mutter Name kaum im Flehen nennen,
Denn sie ist fern und kann ihm nichts hier geben. –

Nichts geben! giebt sie doch ihr Leben!
In Sorgen, die sich stets erneu'n,
In harter Arbeit, schweren Plagen,
Und darf in all den herben Tagen
Sich kaum ein Stündchen ihres Kindes freu'n.

Es ist so still und dämmrig in dem Stübchen,
So recht zum Schlafen für ihr Liebchen.
Die kleinen Sänger schweigen, zugehangen,
Und viele sind der Alten nachgegangen,
Und vieler Lied ist scheu verhallt;
Sie wurden stumm, sie wurden alt.

Die Blinde sitzt am Bett und denkt an ihren Sohn,
Sie nennt den Namen nie und denkt an ihn doch im-
mer,
Doch ihm das Wort zu reden, wagt sie nimmer.
Heut fragt sie ihre Tochter: »Sag, wie geht die Zeit?
Weißt du, welch einen Tag wir haben heut? –«
Das Mädchen nannte ihn – da seufzt die Blinde,
»Das ist der Tag, an dem man ihn befreit –
Ich ahnt es wohl – – ach wär ich nicht so weit!
Ich arme Mutter, fern dem eignen Kinde,
Und blind, daß ich den Weg nicht finde!«
Da wirft das Mädchen sich in ihren Schooß –
»Kommt heut der Bruder wieder los? –
Laß mich ihn suchen, mich dein Auge sein!
Gewiß ich finde ihn, o sag nicht nein!«
Erst zögert sie, – – allein
Des Herzens Sehnsucht ist zu groß.
Sie läßt das Mädchen gehn,
Sie spricht: »O ruf ihn her, kann ich ihn auch nicht
sehn,
Möcht er nur einmal noch an meinen Knieen stehn.«

Wie einsam bleibt die Müllerin zurück,
So tiefe dunkle Nacht rings um sie her;
Dem eigenen Geschick traut sie nicht mehr
Und glaubt für sich nicht mehr an Glück.
Sie weiß, es zu erlangen
Ist sie den falschen Pfad gegangen ...
O bitter ist es, wenn die Lebensmüden
Am letzten Ziel nicht finden Frieden,
Wenn sie, trotz ihrer wunden Glieder
Den Weg noch einmal machen möchten,

Den schweren Weg – den einzig rechten, –
Allein umsonst erheben sie sich wieder.
Es ist zu spät, um zu beginnen,
Sie können keinen Tag zurückgewinnen
Und nicht dem selbstgewählten Loos entrinnen.

So saß sie da und starrte in die Weite
Mit ihren Augen, die, in Nacht gefangen,
Sich nach dem Lichte bangen;
Die Sorge und die Reue ihr zur Seite.

Doch athemlos, verstört und bleich
Stürzt jetzt ihr Kind zu ihren Füßen nieder,
Es kann kaum reden, weint zugleich.
»Den Bruder, Mutter, bringt uns Niemand wieder!
Nie wird er uns hinfort begegnen,
Willst du ihn lassen, ohne ihn zu segnen?
In fremde Länder will er gehen
Und nie wirst du ihn wiedersehen!«

»Mein Kind! mein Sohn!« so schrie die Mutter auf,
Und bittre Thränen drangen heiß herauf
Aus ihres Herzens tiefer Wunde.

»Nur heute noch, in dieser Stunde!«
Begann das Mädchen, »bleibt er in der Nähe;
Heut wär es möglich, daß er dich noch sähe. –
Ich bat ihn lange um die kleine Frist,
Denn nicht mehr scheint's, als ob er unser ist;
So wild, so ruhelos blickt er umher,
Sein Auge hart und liebeleer.
Bei deinem Anblick wird sein Herz erwachen!
Er liebte dich, er folgte dir, –
Du konntest, was du wolltest, aus ihm machen;
Vielleicht bleibt er bei uns dann hier!«

Und jedes Wort in ihrer Tochter Jammern
Fand Echo in der Mutter Herzenskammern.
Sie streckt die Hände suchend vor

Nach dem, den sie auf immer jetzt verlor;
Doch wird die Hand ihn nimmermehr erreichen;
Die Wiege faßt sie mit Erbleichen,
Nicht von dem Kinde darf sie weichen. –

Es richtet eben sich empor,
Vom Lärm geweckt, vom Schlaf erquickt
Und hat sie lächelnd angeblickt –

Mit bittrem Tone sprach die Arme:
»Was hilft es, daß ich seiner mich erbarme,
Wie soll ich zu ihm, wie ihn finden
Mit meinen Augen, mit den blinden?
Und beide können wir nicht gehen,
Was würde mit dem Kind geschehen?«

»Wir nehmen's mit«, so bat die Kleine,
»Ich bracht es oftmals schon alleine
Zur Mutter nach dem Wiesenraine.«

»Doch wenn Simplizitas das Kind nicht fände,
Das wär ihr Tod! das wär ihr Ende! –«
So rief die Frau und rang die Hände.

»Die Schenke, bat das Mädchen, liegt nicht weit,
Doch weit die Wiese, wo sie heu't.
Wir kommen wohl noch lange Zeit
Vor ihrer Heimkehr hier zurück;
Sie würde nicht wie du ihr Kind verlassen!
Sie gönnte ihm dies letzte Glück –«

Da sucht die Blinde ihren Rock zu fassen,
Die welken Züge zittern im Erblassen.
»Geh, führ mich hin, den Sohn zu segnen,
Mag was da will indeß begegnen!«

Was regt ihr die sterbenden Kronen,
Ihr Eichen, ihr niedergebeugten?
Wie im Sturz sich die Aeste verzweigten,
Die sonst sich wohl nimmer erreichten!
Kein Vogel wird mehr in euch wohnen
Und schmetternd das Obdach euch lohnen,
Kein Bienchen mit duftigen Lasten
In schattiger Herberge rasten. –
Jetzt könnt ihr kein Glück mehr bereiten.
Ach hättet ihr damals bei Zeiten
Die Wurzeln so tief eingesenkt,
Daß nicht euch das Bächlein, das kleine,
Aus dem schützenden Boden gedrängt;
Wie fänden euch sonnige Scheine
Mit Blüthen und Früchten behängt,
Denn es war euch vor allen im Haine
Ein liebliches Dasein geschenkt.

Das Mädchen nahm das Kind, das lächelnd wie der Tag
In seiner kleinen Wiege lag,
Und führte sorglich durch den Wald
Die arme wankende Gestalt. –
Den Ort erreichten beide bald,
Die Schenke war's am Waldesrande,
Ein Ort des Spiel's, ein Ort der Schande.

Schon hörte man die Zecher schreien,
Und ihre Lustbarkeit schien wie ein wildes Dräuen.
Da stand die Arme still – und wurde leichenblaß.
»Wenn er das Kind erkennt, ... wenn er in tollem Haß
Sich rächt am Kinde der Simplizitas!«
»Sei ruhig, Mutter, ich will draußen warten,
Es spielt das Kind indeß am Brünnlein dort im Garten.«

Sie bringt die Blinde bis zur Schwelle
Und sucht sich dann des Brünnleins Stelle. –

Lang steht die Frau dort an der Thüre
Und wartet, daß sie Einer führe;
Sie steht und wartet, steht und fragt,
Doch keine Antwort wurde ihr gesagt.
Und nah und näher hat sie sich gewagt –
Sie lauscht gespannt nach allen Seiten,
Wird denn kein Ton sie zu ihm leiten?
Er ist's! jetzt hat sie ihn gehört!
Von heißer Sehnsucht ganz verzehrt
Schreit sie nach dem, den ihre Brust genährt.
Er steht ihr nah, doch abgekehrt,
Vom Wein erhitzt, vom Spiel bethört. –
Sie aber, wie das Eisen dem Magnet,
Folgt seiner Stimme, findet wo er steht
Und faßt ihn mit dem welken Arme.
Da ist's, als ob er ihrer sich erbarme;
Er nennt sie Mutter, spricht: »Wir müssen scheiden,
Doch eh ich gehe, straf ich deine Leiden;
Geschworen hab ich's wohl zu tausend Malen,
Die Hexe soll mir jeden Tag bezahlen,
Den ich gesessen dort in Noth und Qualen!«
Und bebend hört die Mutter, was er spricht,
Simplizitas, der blinden Augen Licht,
Soll leiden unter seinen rohen Händen!

Ach könnte sie wie sonst das Herz ihm wenden,
Wie sonst, als er noch klein an ihren Knieen stand
Und sie die Kinderseele mit der eignen Hand
Den bösen Mächten frevelnd zugewandt. –
Sie sprach: »Mein Sohn, was frommt mir deine Rache
Und daß mein Leid noch andre elend mache;
Ich habe viel erfahren, viel gelitten
Und immer um mein Recht gestritten.
Kein Glück hab ich darin gefunden,
Nur Herzensqual und tiefe Wunden.
Zum Fluch ward dir mein böser Segen ...

Ich möchte neu auf's Haupt die Hand dir legen,
Nicht rächen sollst du dich – vergessen,
Daß ich zur Rache dich geweiht vermessen.«

»Vergessen, Mutter! Hat es doch indessen
Sich in das Mark des Lebens mir gefressen.
Hab ich's nicht täglich mit dem Brod gegessen,
Nicht als mein Ziel gesehn, für das ich ward erzogen?
Nein, um mein Leben würd ich dann betrogen
Und ihr und alles hätte mir gelogen.«

Die Mutter aber ließ nicht ab mit Flehn. –
Sie sprach: »Wenngleich uns Unrecht ist geschehn,
Simplizitas verarmt, vertrieben,
Mit ihrem Kinde krank allein,
Nicht stillen könnend seines Hungers Schrei'n,
Ist das dir nicht genug der Pein? –«

Er aber schwieg verstockt, – da wandte sie ihr Haupt
Zum Himmel zweifelnd, trostberaubt. –
»Warum erhörte Gott da droben
Den bösen Wunsch und nicht den guten!
Und gelten alle Thränenfluthen
Und alle Hände im Gebet erhoben
Nicht hoch genug, ein Wort zu lösen,
Gesprochen in dem Augenblick, dem bösen!«

Im Kreise standen liederlich, zerrissen,
Des wilden Burschen wildere Genossen.
Sie waren alle schon verdrossen
Ihn in der Mutter Näh zu wissen,
Und Einer rief: »Sie mag schon flehn!
Sie wird sich nicht im Lichte stehn!
Wir wissen's wohl, sie nahm das Gnadenbrod,
Das ihr Simplizitas, die Hexe, bot! –«

Da ward die Blinde bleicher als der Tod;
Es faßt sie an der Sohn mit Schrei'n:

»Um meines Vaters Seel sag nein!«
Sie aber stand als wie von Stein.

Nun fiel der Sohn mit wildem Hohne ein:
»Jetzt ist die Rache recht erst mein!
Verflucht die Wohlthat, die du nahmst,
Und jeder Bissen, den du dort bekamst,
Er möge dir zum Schaden werden!«

Die Kinder hatten während dessen
Vertraulich an dem Born gesessen;
So recht behaglich, wo in Heerden
Maasliebchen, Glocken, Tausendschön
Bedeckten rings die grasbewachsnen Höh'n.
Die Kleine reckt die Händchen, rupft und rupft
Und hebt die Beute, noch so sehr zerzupft,
Als Sieger jauchzend sie zu zeigen;
Wie welk die Blumen auch die Köpfe neigen,
Das ist wohl manchem Siegeskranze eigen. –

Doch von der Schenke, unheilschwer,
Wälzt sich der wilde Haufe zu den Kindern her,
Die Blinde halten sie mit Lachen
Und drohn: »Wir werden dich schon sagen machen,
Wo du die Hexe birgst! wir weichen nicht von hier,
Du führst uns denn zu ihr!«

Und jubelnd ziehn sie jetzt die Kleinen vor,
Sie brüllen auf sie ein in zügellosem Chor. –
Es schreit der Bursche lauter noch hinein:
»Das Kleinste wird die Hexenbrut wohl sein!«
Die Blinde ruft: »Das arme Kind ist mein!«
Er aber lacht: »Und wär es dein,
Die Hexe hat es großgezogen!
Ich aber weiß, du hast gelogen!«
Und vorwärts drängt der rohe Haufen, –
Erschreckt versucht das Mädchen zu entlaufen,
Es birgt das kleinere im Röckchen,
Es sucht umsonst ein stilles Eckchen –

Jetzt fassen sie's! – – es ist vorbei!
Da tönt ein scharfer wilder Schrei,
Die Luft mit seinem Weh durchdringend. –
Die Mutter ist es, hülfebringend –
Und Antwort giebt das Kind dem Ton.
Simplizitas ist da! – – sie hält es schon. –
Verzweifelnd flieht sie mit der theuren Last
In wilder, unbedachter Hast;
Es an sich drückend stets auf's Neue,
Daß sie sich seiner holden Gegenwart erfreue.
Verfolgt vom tollen Schwarm der Bösen,
Die Steine von dem Boden lösen,
Sie werfend »Hexe! Hexe!« schreiend,
Doch die Gefahr, ihr Flügel leihend,
Und der Verfolger trunkne Schwere
Dient ihr zur Hülfe und zur Wehre.

Sie klimmt die Felsen an, die sonst kein Fuß betrat, –
Sie findet Weg, wo Keiner sah den Pfad,
Ihr goldnes Haar, es flattert durch die Luft,
Oft scheint's, sie schwebe über Spalt und Kluft.

Gerettet scheint sie jetzt – wer wird erreichen
Die Hexe bei den Zaubereichen? –
Aufathmend steht sie still und spricht,
Zum Kind gebeugt das liebliche Gesicht: –
»Geh, weine nicht, du bist bei mir!
Geschützt und sicher bist du hier;
Es hört mich Gott, er hört mein Schrei'n,
Er weiß, ich möchte dich befrei'n
Und sollt es selbst mit meinem Leben sein!«

Doch nah und näher wie ein brüllend Meer
Schwillt die Gefahr jetzt wieder um sie her,
Und wieder muß sie gegen Todesschrecken
Ihr Kind mit ihrem Körper decken. –

Es traf sie nur ein einz'ger Stein –
Und an der schönen reinen Schläfe

Hängt eines Tropfens rother Schein,
Ein Tropfe Bluts allein. –

Verloren ist sie jetzt, – schon naht des Volkes Hefe, –
Doch wie auch die Verfolger brüllen,
Ihr Fuß gehorcht nicht mehr dem Willen. –
Sie sucht ihr Kind noch sterbend zu verhüllen
Und neigt ihr Haupt ... und sinkt ... und fällt. –

Da bricht aus dem Gestrüpp der Eichen
Ein Retter, der sie faßt und hält,
Er küßt die Wangen ihr, die bleichen,
Mit wilden, heißen Liebeszeichen; –
Allein zu spät nur konnt er sie erreichen.

Was sollen ihr die bittren Thränen nützen? –
Wo warst du heut dein Kind zu schützen? –
Wo warst du, als sie traf der Stein?
Was hast du ihr gelobt? war sie nicht dein?
Wie schnell ist deiner Liebe Kraft versiegt!
Hat doch dein Kind des Herzens Born erschlossen,
Wie kam's, daß dir, in dessen Arm sie liegt,
So holder Segen nie geflossen?

Von fern und nah hört man jetzt Stimmen,
Man sieht das Volk die Höh'n erklimmen;
Sie stehen da mit bleichen Angesichtern,
Wie Schuldige vor ihren Richtern.
»Wer that's? – wer warf den bösen Stein?
Verfolgt ihn, schlagt ihn, fangt ihn ein!«

Umsonst, sie werden ihn nicht greifen,
Doch mag er Land auf Land durchstreifen
Und frei sein; – schleppt er bis zum Todtenbette
Sich nach doch seiner Sünden Kette.
Gestützt von ihrer Tochter steht die Blinde da,
Sie weint und klagt, – wagt sich nicht nah. –
»Die Mutter«, rief sie, »nahm er von der Kleinen,

War sie nicht fromm, nicht von den Reinen, –
Wem giebt er Glück, wenn nicht den Seinen?«

Da regt im Volke sich ein Flüstern –
»Sie war verflucht – sie war gefeit
Von ihrer Mutter seit der Kinderzeit,
Geweiht der bösen Macht, der düstern!«

Da faßt am faltigen Gewand
Die Müllerin der alten Hexe Hand,
Die wild vor Zorn die Worte schrie:
»Ich sagt es ihr! ich warnte sie!
Jetzt hat sie selbst das Glück erkannt,
Das sie in solcher Liebe fand!
Mein war sie einst – ich zog sie auf mit Müh,
Allein es scheint Gott habe mich vergessen,
Als er das Glück den Andern zugemessen;
Weshalb ward mir Simplizitas geraubt
Und nicht auch dir der Sohn! da du wie ich im Grolle
Der Rache gabst sein junges Haupt,
Das unbewußte, unschuldsvolle!
Gehört für mich allein das Leid?
Ihr nennt's am Ende noch Gerechtigkeit
So Gott die Hexe straft und jener dort verzeiht.«

Die Blinde rief: »Was preist ihr mein Geschick!
Denn gegen mich habt ihr noch Glück!
Lag hier mein Kind so schuldlos wie das eure,
Und könnt ich einmal noch das Haupt, das theure,
Wie in den Kindertagen segnen, küssen!
Mir ward der Sohn auf immer heut entrissen!
Verloren mir für hier und dort.
Verloren durch mein eigen Wort!«

Und leise ging von Mund zu Munde
Der oftgehörte Fluch jetzt durch die Runde.

Sever vernimmt's – des Schmerzes Bitterkeit
Sagt ihm, auch du hast einst in schwerer Zeit

Simplizitas dem Untergang geweiht,
Allein sie stirbt erlöst – befreit.
Den Fluch, der auf ihr lag, sie wußte ihn zu wenden.
Denn selbst der Stein in solchen bösen Händen,
Er mußte ihr des Glückes Höchstes senden;
Mit ihrem Herzblut durfte sie die Liebe färben
Und in der Rettung für ihr Liebstes sterben.

Auf seinem Schooße lag sie mit der Kleinen,
Das Kind getröstet – hörte auf zu weinen.
Es küßt der Mutter bleichen Mund,
Der lächelte, als thät er kund,
Daß ihre Seele nun den Himmel finde
Und jenen tiefen Liebesgrund,
Der Erd und Himmel, Freud und Leid verbinde;
Denn wie auch murren mag der Schlechte
Und spotten der getreuen Knechte,
Er wird sie um ihr Ende doch beneiden
Und wünschen so wie sie zu scheiden.

So lag Simplizitas auf des Geliebten Knieen,
Erschüttert sucht er eng sein Kind heranzuziehen;
Allein es ist ihm fremd und wehrt sich scheu,
Ist ihm doch alles an ihm unbekannt und neu.
Da sah er plötzlich jenes kleine Zimmer,
Simplizitas, im Mondenschimmer,
Von ihres Kindes Bettchen gehn;
Er hört sie wieder – hört sein hartes Wort:
Es wendet sich dein Kind einst von dir fort.
Ihm war das Gleiche nun geschehn,
Und als er sie im Geist sah zitternd stehn,
Da lösten sich die bitteren Gedanken
In Thränen auf und schwere Tropfen sanken
Auf sie, die Mutter und das Kleine ...
Das Kind sah auf, weshalb er weine,
Und plötzlich schlang es fest wie junge Ranken
Die Aermchen um den tief in Schmerz versenkten.

Doch wie sich Beide aneinander drängten,
Da öffnete mit lichtem Strahl
Simplizitas das Auge noch ein Mal
Und sah ihn an und sah ihr Kind geborgen
Und sah der Liebe neuen Morgen.
Ihm schien, als ob die holde Seele
Sich heut zum zweiten Mal ihm anvermähle. –

Es war ein kurzer, letzter Blick,
Doch nicht nach Stunden zählt das Glück,
Das ewige; – die Zeit wird es besiegen
Und seine höchsten Wonnen liegen
Oft zwischen wenig Athemzügen.

Buchdruckerei von Gustav Schade (Otto Francke) in Berlin N.

Über tredition

Eigenes Buch veröffentlichen

tredition wurde 2006 in Hamburg gegründet und hat seither mehrere tausend Buchtitel veröffentlicht. Autoren veröffentlichen in wenigen leichten Schritten gedruckte Bücher, e-Books und audio-Books. tredition hat das Ziel, die beste und fairste Veröffentlichungsmöglichkeit für Autoren zu bieten.

tredition wurde mit der Erkenntnis gegründet, dass nur etwa jedes 200. bei Verlagen eingereichte Manuskript veröffentlicht wird. Dabei hat jedes Buch seinen Markt, also seine Leser. tredition sorgt dafür, dass für jedes Buch die Leserschaft auch erreicht wird.

Im einzigartigen Literatur-Netzwerk von tredition bieten zahlreiche Literatur-Partner (das sind Lektoren, Übersetzer, Hörbuchsprecher und Illustratoren) ihre Dienstleistung an, um Manuskripte zu verbessern oder die Vielfalt zu erhöhen. Autoren vereinbaren direkt mit den Literatur-Partnern die Konditionen ihrer Zusammenarbeit und partizipieren gemeinsam am Erfolg des Buches.

Das gesamte Verlagsprogramm von tredition ist bei allen stationären Buchhandlungen und Online-Buchhändlern wie z. B. Amazon erhältlich. e-Books stehen bei den führenden Online-Portalen (z. B. iBookstore von Apple oder Kindle von Amazon) zum Verkauf.

Einfach leicht ein Buch veröffentlichen: **www.tredition.de**

Eigene Buchreihe oder eigenen Verlag gründen

Seit 2009 bietet tredition sein Verlagskonzept auch als sogenanntes "White-Label" an. Das bedeutet, dass andere Unternehmen, Institutionen und Personen risikofrei und unkompliziert selbst zum Herausgeber von Büchern und Buchreihen unter eigener Marke werden können. tredition übernimmt dabei das komplette Herstellungs- und Distributionsrisiko.

Zahlreiche Zeitschriften-, Zeitungs- und Buchverlage, Universitäten, Forschungseinrichtungen u.v.m. nutzen diese Dienstleistung von tredition, um unter eigener Marke ohne Risiko Bücher zu verlegen.

Alle Informationen im Internet: **www.tredition.de/fuer-verlage**

tredition wurde mit mehreren Innovationspreisen ausgezeichnet, u. a. mit dem Webfuture Award und dem Innovationspreis der Buch Digitale.

tredition ist Mitglied im Börsenverein des Deutschen Buchhandels.

Dieses Werk elektronisch lesen

Dieses Werk ist Teil der Gutenberg-DE Edition DVD. Diese enthält das komplette Archiv des Projekt Gutenberg-DE. Die DVD ist im Internet erhältlich auf **http://gutenbergshop.abc.de**